처음
세계사

처음 세계사

6 절대 왕정과 산업 혁명

초판 1쇄 발행 2015년 11월 5일
초판 4쇄 발행 2022년 11월 5일

글 초등 역사 교사 모임   그림 한동훈, 이희은
감수 서울대 뿌리 깊은 역사 나무
발행인 양원석   발행처 (주)알에이치코리아(등록 2004년 1월 15일 제2-3726호)
주소 서울시 금천구 가산디지털2로 53, 20층(한라시그마밸리)
편집 문의 02-6443-8921   도서 문의 02-6443-8800
홈페이지 rhk.co.kr   블로그 blog.naver.com/randomhouse1   포스트 post.naver.com/junior_rhk
인스타그램 @junior_rhk   페이스북 facebook.com/rhk.co.kr

ISBN 978-89-255-5712-0 (74900)
ISBN 978-89-255-2418-4 (세트)

6 절대 왕정과 산업 혁명

처음
세계사

초등 역사 교사 모임 글 | 한동훈 · 이희은 그림
서울대 뿌리 깊은 역사 나무 감수

주니어 RHK

타임머신을 타고 떠나는 세계사 여행

　세계사 속에는 아주 많은 인물과 사건이 담겨 있습니다. 그래서 어린이가 너무 복잡하고, 어렵다고 생각하여 쉽게 포기해 버릴 수도 있지요. 하지만 세계사가 꼭 복잡하고, 어렵기만 한 것은 아닙니다.

　넓은 땅을 정복한 알렉산드로스 대왕의 이야기, 초원의 황제 칭기즈 칸의 이야기는 한 편의 영화 같은 흥미진진한 모험담이기도 합니다. 그뿐인가요? 우리와 가까운 이웃 나라 일본과 중국의 이야기는 친숙하고 흥미롭습니다. 조금은 먼 나라여서 낯설기도 하지만, 그만큼 신비하고 새로운 페르시아와 아프리카의 이야기도 있지요. 세상 어디에 내놓아도 자랑스러운 한글을 만든 세종대왕, 목숨을 걸고 나라를 지킨 안중근 의사의 이야기는 애국심과 감동도 느끼게 합니다.

이 모든 사람과 나라가 어우러져 만들어 낸 이야기가 바로 세계사입니다. 〈처음 세계사〉는 이 이야기를 동화처럼, 옛날이야기처럼, 영화처럼 신나고 흥미롭게 풀어서 보여 주지요. 세계사가 복잡하고, 어렵다는 생각을 잠시 내려놓고 책을 펼쳐 보세요. 세상 그 어떤 이야기보다 재미있는 이야기를 만나 볼 수 있을 거예요.

세계사는 다른 나라의 이야기가 아니라 곧 '우리'의 이야기입니다. 오늘날 우리는 하루 이틀이면 지구상의 어느 곳이든 갈 수 있는데다가, 우리가 살고 있는 지금 순간순간이 내일의 세계사가 될 테니까요.

역사는 흔히 미래를 내다보는 거울이라는 말이 있지요. 우리는 곧 더 넓은 세상으로 나가, 때로는 그들과 경쟁하며, 혹은 큰 목표를 함께 이루기도 할 것입니다. 그리고 우리가 알고 있는 역사가 교훈이 되고, 안내자가 되어 넓은 세상으로의 길을 함께해 줄 것입니다.

자, 이제 타임머신을 타고 세계사를 여행할 시간입니다. 〈처음 세계사〉를 통해 오늘날 우리의 모습과 내일을 찾아보세요!

초등 역사 교사 모임

처음 세계사

〈처음 세계사〉는 초등학교 선생님과 동화 작가 선생님이 어린이가 세계사와 친해질 수 있도록 쉽고 재미있게 풀어 쓴 세계사 이야기입니다.

재미와 정보를 주는 그림과 사진, 쏙 빠져드는 이야기로 실제 역사를 모험하듯 세계사의 전체적인 흐름을 자연스럽게 익힐 수 있습니다.

이 책의 구성과 활용

역사 속 인물이 직접 전해 주는 이야기를 통해 당시 시대적 특징을 재미있게 알아볼 수 있어요.

역사 속 사건과 유물, 인물 등을
그림과 사진으로 함께 구성하여
친절하게 설명했어요.

깊이 보는 역사 페이지를 통해
각 장의 내용을 한 번 더 정리하고,
본문에서 미처 다루지 못했던
흥미로운 이야기를 들려줍니다.

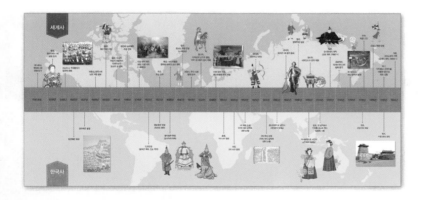

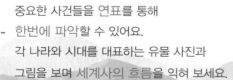

중요한 사건들을 연표를 통해
한번에 파악할 수 있어요.
각 나라와 시대를 대표하는 유물 사진과
그림을 보며 세계사의 흐름을 익혀 보세요.

..

차 례

1장 유럽의 절대 왕정 시대

2장 영국의 근대 혁명

1장 유럽의 절대 왕정 시대

베스트팔렌 조약
(1648년)

스웨덴

덴마크

발트 해

북해

러시아

영국

네덜란드

프로이센

폴란드

오스트리아

대서양

프랑스

스위스

헝가리

흑해

에스파냐

지중해

오스만 제국

17세기 무렵의 유럽
신성 로마 제국 경계 ◯

나는 프랑스에 사는 뱅상이야. 이제 꼭 열일곱 살이 되었어. 지금 프로이센으로 가는 중이지. 군인이 되기 위해서야. 프랑스 청년이 왜 다른 나라의 군인이 되냐고? 이상하게 생각할 거 없어. 프로이센 황제 프리드리히 2세가 다른 나라의 용병을 모으고 있거든. 자기네 군대를 더 크고 강하게 만들기 위해서라나. 장교가 되면 혜택도 많이 준대. 쉽지는 않겠지만 해 볼 거야. 멋진 군인이 된 나의 모습을 기대해!

절대 왕정의 시작과 에스파냐

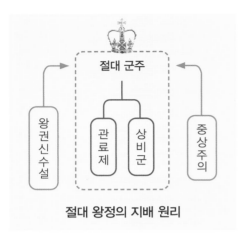

절대 왕정의 지배 원리

"이제부터 왕인 내가 이 나라를 다스릴 거야. 영주들이 지방을 마음대로 다스리지 못하도록 지방에 관리를 보내야겠어. 그렇게 하면 정치와 법은 물론 군사와 경제까지 모두 내 마음대로 할 수 있지, 하하하!"

중세 말을 지나면서 유럽 여러 나라들이 달라지기 시작했어요. 힘 있는 왕(절대 군주)이 세력이 약해진 영주를 물리치고 직접 나라를 다스리겠다고 나선 것이지요. 왕권은 신이 주신 거라 주장하면서요(왕권신수설). 그 때문에 왕 중심의 중앙 집권 국가가 나타나기 시작했어요. 이 시대를 절대 왕정의 시대라고 하지요.

왕이 넓은 땅을 다스리기 위해서는 꼭 필요한 것이 있었어요. 자신의 명령을 직접 지방까지 전달할 관리들(관료제)과, 나라를 책임지고 지키면서 반란을 억누를 군대(상비군)였지요. 이들에게는 당연히 대가를 주어야 했고요. 그러다 보니 돈이 많이 필요했어요. 그래서 왕은 세금을 많이 낼 수 있는 부자 상인이나 은행업자 같은 시민 계급 사람들과 손을 잡았어요.

상비군

위기를 대비해 보통 때에 준비를 해 두는 군대야.

시민 계급

유럽의 절대 왕정 시기에 농업이나 공업, 상업 등을 통해 돈을 많이 번 사람들이야.

"너희가 장사를 마음껏 할 수 있도록 내가 보장해 주지. 대신 너희는 나에게 세금을 바치고 충성하라!"

시민 계급은 왕의 제안을 받아들였어요. 시민 계급은 중앙 집권 통치에 필요한 돈을 대 주었고, 국왕은 중상주의 정책을 실시하여 시민 계급이 경제 활동을 잘할 수 있도록 보호했어요.

유럽의 여러 나라 중에서 에스파냐가 가장 빨리 중앙 집권 체제를 갖추었어요. 에스파냐의 카를로스 1세(신성 로마 제국에서는 카를 5세라 함)가 물려받은 엄청난 영토 덕분이었어요. 카를로스 1세는 네덜란드 국왕이었던 아버지로부터 네덜란드 땅을 물려받았고, 신성 로마 제국 지역의 여러 작은 나라를 다스리던 할아버지로부터 그 땅을, 또한 에스파냐 국왕이었던 외할아버지로부터 에스파냐의 땅과 신대륙까지 고스란히 물려받았거든요.

그의 뒤를 이은 펠리페 2세(15쪽) 때에는 유럽에서 에스파냐의 힘이 가장 셌어요. 펠리페 2세는 아메리카 대륙과 필리핀 지역에서 식민지(14쪽)를 넓혀 나갔어요. 펠리페 2세는 특히 남아메리카에 있는 금에 욕심을 냈어요. 나랏돈을 늘리는 데 크게 도움이 될 거라고 생각했기 때문이에요.

중상주의

정부가 경제 활동을 적극적으로 막기도 하고 열기도 하면서 나라의 부를 키우는 활동을 말하지.

여러 나라의 왕 카를로스 1세

1516년에 에스파냐의 왕이 되었고, 1519년에는 신성 로마 제국(독일)의 왕이 되었다. 1556년에 여러 나라의 왕위에서 물러났다.

🌏 식민지

다른 나라에 속하게 되어 주
권을 잃은 나라를 말해.

"금의 일부를 국왕에게 바친다면, 누구든 남아메리카로 가서 금을 가져와도 좋다."

펠리페 2세는 국민들에게 그렇게 말했어요. 그 때문에 더욱 많은 사람들이 남아메리카로 몰려갔어요. 그들은 금광을 찾아냈고 점점 더 많은 금을 캐낼 수 있게 되었지요. 그러는 동안 남아메리카 원주민들은 심한 고통을 당했어요. 금을 캐내느라 몇 달 씩이나 금광에 갇혀 온갖 힘든 일을 해야 했으니까요.

이렇게 식민지에서 얻은 금으로 펠리페 2세는 에스파냐를 더욱 힘센 나라로 만들었어요. 그리고 지중해를

주름잡고 있던 오스만 제국의 함대를 물리쳐서 지중해를 중심으로 이루어진 무역 시장을 차지하게 되었어요. 뿐만 아니라 1580년에는 포르투갈까지 손에 넣고 유럽에서 제일 부유하고 강한 나라로 자리 잡았지요.

하지만 에스파냐는 서서히 흔들리기 시작했어요. 여러 가지 이유 중 하나가 바로 펠리페 2세의 욕심이었어요. 펠리페 2세는 주변에 있는 유럽 여러 나라를 모두 가톨릭교를 믿는 나라로 만들려 했거든요. 하지만 펠리페 2세의 아버지 카를로스 1세 때부터 밀어붙인 이러한 종교 정책은 가는 곳마다 싸움을 일으켰어요. 펠리페 2세가 가장 아꼈던 네덜란드에서는 독립 전쟁이 일어났지요.

네덜란드에서는 중세 이후로 상업과 무역이 발달해 있었어요. 특히 13세기 이후에는 남부를 중심으로 모직물 공업이 크게 일어나 여러 도시들이 활발하게 성장했답니다. 펠리페 2세는 네덜란드를 잘 지켜서 에스파냐에 부족한 모직물 공업을 보충하려 했어요. 뿐만 아니라 네덜란드는 이때, 북해와 발트 해를 중심으로 하여 무역이 크게 번성해서 에스파냐가 무역을 하는 데에도 크게 도움이 되었지요.

에스파냐 전성기의 왕 펠리페 2세
1527년 카를로스 1세의 아들로 태어났다. 독실한 가톨릭교도로 이슬람교도를 무찔렀으며 궁전을 짓고 미술품을 보호하는 등 에스파냐의 문화를 번성시켰다.

오스만 제국
- - - - - - - - - - - - - - - - - -
1299년경 세워져 1922년까지 소아시아를 중심으로 번성한 이슬람 국가야.

자치권
자기 지역을 스스로 다스릴 권리를 말해.

욕심이 더욱 커진 펠리페 2세는 자치권을 주어 느슨하게 다스리던 네덜란드를 좀 더 강력하게 다스리기로 마음먹었어요. 네덜란드에 에스파냐 군대를 보내 지키게 하고, 신교도들을 못살게 굴었어요. 그러자 네덜란드의 신교도들이 펠리페 2세의 궁정에까지 찾아가, 신교도를 탄압하는 법을 없애 달라고 했어요. 하지만 에스파냐 귀족들은 이들을 '거지 떼'라고 비웃으며 콧방귀도 뀌지 않았지요.

마침내 신교도들이 더 많았던 홀란드 주를 비롯해 네덜란드 북부 지역을 중심으로 독립 전쟁이 시작되었어요. 신교도들은 시내를 돌아다니며 가톨릭 성당을 불태우기 시작했어요. 그러자 펠리페 2세는 알바 공작을 파

네덜란드 신교도의 성상 파괴
네덜란드 신교도들은 독립 전쟁을 하면서 에스파냐가 그토록 지키고 확산시키려는 가톨릭교의 조각상을 파괴하였다.

– 디르크 반 델렌 〈성상 파괴〉

견해 이들을 공격했어요. 이때 수많은 신교도들이 목숨을 잃었지요.

그런데도 독립 전쟁의 불길은 꺼지지 않았어요. 독립 전쟁의 맨 앞에 선 사람이 있었는데, '오라녜 공'이라 불리는 네덜란드 귀족 빌럼(영어로는 윌리엄)이었어요. 오라녜 공은 신성 로마 제국으로 피했다가 군대를 이끌고 와 에스파냐 군대와 싸웠어요. 오라녜 공의 지도 하에 네덜란드 북부의 일곱 개 지역은 동맹을 만들어 계속 싸웠어요. 그리고 마침내 1581년 에스파냐로부터 독립을 선언했지요.

물론 얼마 후 오라녜 공은 펠리페 2세가 보낸 자객에게 죽음을 당했지만, 네덜란드는 끝끝내 에스파냐에 무릎 꿇지 않았답니다. 특히 이즈음 에스파냐와 경쟁하던 영국이 6,000여 명에 이르는 군사를 보내 네덜란드를 도왔어요.

결국 펠리페 2세가 죽은 뒤 에스파냐는 네덜란드의 독립을 공식적으로 승인할 수밖에 없었어요.

펠리페 2세는 신교 국가인 영국에 있는 가톨릭교도들을 돕기도 했어요. 나아가 자신과 서슴지 않고 맞서

네덜란드 독립에 앞장선 오라녜 공 빌럼
원래 가톨릭교도였다가 1566년 개신교로 종교를 바꾸었다. 네덜란드 독립 전쟁을 이끌었으며, 1579년 네덜란드 연방 공화국의 첫 번째 총독이 되었다.

**에스파냐의 무적함대와
영국 함선**
에스파냐의 무적함대는 규모가
크고 군사도 많았다. 이에 비해
영국의 함대는 규모가 작았다.
하지만 영국의 군사들은
날렵하고 훈련이 잘 되어
있었으며 대포도 공격하기에
적당했다.

는 엘리자베스 1세 여왕을 쫓아내고 스코틀랜드의 메리 여왕을 영국의 왕으로 만들려는 음모를 꾸미기도 했지요. 물론 이때 엘리자베스 여왕은 메리 여왕을 처형하여 펠리페 2세의 음모를 소용없게 만들었어요.

펠리페 2세는 무적함대를 만들어서 영국을 억누르려고 했어요. 에스파냐는 1571년 이슬람 세력과 싸운 바다 위의 전쟁에서 유럽을 승리로 이끈 경험이 있었어요. 이때 이슬람의 배를 수십 척 차지해 막강한 해군력을 가질 수 있었답니다.

하지만 영국과의 해전에서는 오히려 지고 말았어요. 이 사건을 계기로 에스파냐는 그동안 바다 위에서 누렸던 유럽 최강의 무역권을 잃고 빠르게 쇠약해졌어요. 에스파냐 대신 네덜란드와 영국, 프랑스가 그 자리를 차지하게 되었답니다.

영국을 강대국으로 만든 여왕

영국의 절대 왕정 시대는 "나는 영국과 결혼했다!"고 선언한 엘리자베스 1세가 활짝 열었어요. 하지만 엘리자베스 1세가 왕위에 오르기까지는 힘든 일이 많았어요. 엄마가 다른 언니이자 에스파냐 펠리페 2세의 부인이었던 메리 1세는 그녀가 왕위를 빼앗으려 한다고 의심하여 런던 탑에 가두기까지 했지요.

다행히 메리 1세가 오래지 않아 세상을 떠나 엘리자베스 1세는 영국 여왕의 자리에 오를 수 있었어요.

엘리자베스 1세는 왕위에 오르자마자 백성에게 제일 먼저 영국이 신교 국가라고 선언했어요. 하지만 신교 도임을 증명하는 서약서 같은 것을 쓰라고 강요하지는 않았어요.

영국 여왕, 엘리자베스 1세
헨리 8세와 앤 불린 사이에서 태어났다. 어려서부터 책을 읽고 공부하기를 좋아해, 다양한 나라의 말을 할 줄 아는 건 물론 철학과 역사 지식도 풍부했다.

그래서 많은 사람들의 환영을 받았지요. 메리 1세는 가톨릭을 강요하면서, 가톨릭 신자가 되지 않으려는 사람들을 화형시키기도 했거든요. 그래서 메리 1세는 피의 메리라는 뜻으로 블러디 메리라는 끔찍한 별명을 얻기도 했지요.

심지어 엘리자베스 1세는 결혼도 하지 않았어요. 여왕 대관식에서 엘리자베스 1세는 목사에게 받은 반지를 뽑아 들고 신하들 앞에서 말했어요.

"이 반지는 내가 영국과 결혼했다는 증표입니다. 나의 신하, 그리고 나의 백성 모두가 나의 자식이며 또한 친척입니다!"

엘리자베스 1세는 자신의 말대로 나랏일을 하는 데 온 힘을 바쳤어요. 엘리자베스 1세는 경제를 안정시키기 위해서 화폐를 새로 만들었고, 산업 발달에 필요한 노동력을 얻기 위해 빈민 보호법을 정하기도 했어요.

한편 밖으로는 당시 유럽의 최강국이었던 에스파냐와 피하지 않고 맞섰어요.

이즈음 영국은 에스파냐가 차지하려는 북아메리카에 식민지를 만들려 애쓰는 중이었고, 펠리페 2세는 이것을 못마땅해했어요. 그런 데다가 영국의 배들이 이따금씩 에스파냐의 배를 습격하여 골탕을 먹이곤 했어요.

빈민 보호법
일할 힘이 있는 사람은 일을 시키고, 일할 힘이 없는 사람에게는 부자로부터 걷은 세금으로 필요한 것을 주도록 한 법이야.

이에 펠리페 2세는 영국을 겁주었어요.

"내 바다와 배를 공격하면 곧 전쟁이오!"

그러자 엘리자베스 1세는 펠리페 2세에게 절대로 에스파냐의 배를 공격하지 않겠다고 고분고분 약속했어요. 하지만 엘리자베스는 영국의 뱃사람들에게 에스파냐의 배를 공격해도 좋다고, 처벌하지 않겠다고 비밀리에 말해 두었지요.

그러자 한번은 영국의 이름난 해적 드레이크가 에스파냐의 상선을 공격했어요. 이에 화가 난 펠리페 2세는 여왕에게 드레이크를 즉시 처형하라고 윽박질렀어요. 하지만 엘리자베스 1세는 들은 체도 하지 않았어요. 오히려 드레이크에게 기사의 작위를 내려 주었어요.

펠리페 2세는 화가 치밀어 올랐지요.

펠리페 2세는 온갖 방법으로 엘리자베스 1세를 모함했고, 스코틀랜드 여왕 메리를 영국의 여왕으로 만들려는 시도까지 했어요. 하지만 엘리자베스 1세는 메리를 단호하게 처형해 버렸지요.

마침내 펠리페 2세는 영국과 전쟁을 치르기로 결심했어요.

"배를 만들라! 영국을 공격하여 에스파냐의 땅으로 만들겠다. 뿐만 아니라 영국이 두 번 다시는 신대륙에

상선

상업을 위해 만들어져 운항되는 배야.

작위

벼슬과 지위를 가리키는 말이야.

🧑 갤리 선

양옆에 노가 여러 개 줄지어 있어서 아주 빨리 움직일 수 있는 배야.

🧑 갈레온 선

에스파냐 사람이 개발한 배로 3~4층의 갑판이 있는 큰 배야. 400톤급이지.

발도 붙이지 못하게 만들 것이다!"

펠리페 2세의 명령에 따라 갤리 선과 갈레온 선을 합하여 모두 130척에 이르는 함대가 만들어졌어요. 바로 무적함대였지요.

이때 엘리자베스 1세는 자신의 사촌인 하워드 경을 해군 사령관으로 임명해 에스파냐의 무적함대에 맞서게 했어요.

"에스파냐의 무적함대를 이길 수 있는 방법은 딱 하나, 먼저 공격하는 것뿐이다!"

하워드 경은 무적함대가 바다로 나오기 전에 공격할 생각이었어요. 하지만 아뿔싸! 하필이면 그때 강한 바람이 불어 영국의 전함들은 북쪽으로 밀려 올라가고 말았어요. 하워드 경은 하는 수 없이 영국 남부의 플리머스 항구에서 에스파냐 함대를 기다리는 수밖에 없었어요.

이윽고 에스파냐의 무적함대가 나타났어요. 에스파냐군의 작전은 영국 배에 가까이 가서 갈고리를 던진 뒤 배를 끌어당겨 병사들이 배 위로 올라가 점령하는 것이었어요.

하지만 이때 영국군의 생각은 달랐어요. 영국군의 배는 무적함대의 배보다 작았지만, 배 옆구리에 대포를 장착하고 있었어요. 그 포를 쏘아 에스파냐의 배 옆구리에 구멍을 내서 꼼짝도 못하게 하겠다는 작전이었지요.

쾅! 콰쾅!

이윽고 영국 함대의 대포가 불을 뿜었어요. 예상했던 대로 무적함대는 옆구리에 구멍이 났어요. 그러자 전혀 힘을 쓰지 못했지요.

🦪 **플리머스 항구**

영국의 중요한 무역 항구 중 하나야. 1620년에 종교 박해를 피해 100여 명의 청교도가 메이플라워 호를 타고 출발한 항구이기도 해.

🦪 **대포**

영국의 대포는 바퀴 달린 받침대에 얹어서 한 번 포를 쏜 후 제자리로 금방 돌아와 재빨리 다시 쏠 수 있었어. 쏠 수 있는 거리도 에스파냐 대포보다 멀었고.

영국의 작전이 맞아떨어진 거예요. 영국군은 우왕좌왕하는 에스파냐 함대에 무차별 공격을 퍼부어 댔어요.

마침내 무적함대는 절반이 넘는 70여 척이 부서졌고, 에스파냐 병사들은 무려 2만 명이 목숨을 잃고 말았어요. 가까스로 살아남아 도망친 나머지 함대도 북해에서 폭풍을 만나 고생하다가 겨우 50여 척만 가까스로 에스파냐로 돌아갈 수 있었답니다.

싸움이 이렇게 끝나자 에스파냐는 쇠약해지기 시작했어요. 반면 영국은 해가 지지 않는 나라로 향하는 발판을 마련했지요.

에스파냐와의 전쟁에서 승리한 영국은 식민지 활동에 더욱 적극적으로 나섰어요. 1600년에는 영국 동인도 회사가 세워졌어요. 엘리자베스 1세는 동인도 회사에 특허장을 주어 무역과 상업을 독차지할 수 있도록 보호했어요. 그래서 상업이 크게 발전했지요.

덕분에 시민의 힘도 커졌어요. 이들 중에는 의회에 진출하여 적극적으로 정치 활동에 나선 사람도 있었지요. 여왕의 행동을 비판하는 사람도 생겨났어요. 하지만 여왕은 의회에 진출한 시민들과 맞서지 않고, 적절하게 양보하며 협의하고 그들의 기분을 맞추어 주면서 영국을 이끌어 갔어요. 그 때문에 엘리자베스 1세가 왕

해가 지지 않는 나라
19세기 말부터 20세기 초까지 아시아, 유럽, 아프리카, 아메리카 등 전 세계에 식민지를 만든 영국의 별명이야.

특허장
특별히 허가한다는 증서야.

동양과의 무역을 독점한 동인도 회사
17세기 초에 영국뿐만 아니라 네덜란드, 프랑스 같은 유럽 각 나라들이 인도 등 동양과 독점적으로 무역을 하도록 특별히 허락한 독점 무역 회사들이다.

– 토머스 〈영국 동인도 회사〉

위에 있는 동안에는 의회와 단 한 번도 충돌하지 않았어요.

엘리자베스 1세는 자신의 약속대로 국민을 위해 애썼어요. 엘리자베스 1세는 왕위에 오른 지 30년이 되던 어느 날 전쟁터에 나가는 병사들을 향해 이렇게 말했어요.

"나는 그대들과 함께 살고 함께 죽고 싶은 마음이다. 내가 믿는 신과 나의 나라 영국, 그리고 나의 백성들을 위해서……."

그래서 영국 시민들은 엘리자베스 1세의 별명을 '착한 리자'라 지어 부르며 칭찬했답니다.

프랑스의 태양왕

 루이 13세

1601년 앙리 4세의 아들로 태어났어. 어렸을 때는 소심하고 감수성이 예민했대.

재상

왕을 돕고 다른 관리들을 지휘하고 감독하는 관리야.

위그노

프랑스의 신교도들을 말해.

겨우 아홉 살의 나이로 프랑스의 국왕이 된 루이 13세는 아무것도 할 수 없어서 한동안 어머니의 도움을 받아야 했어요. 하지만 어른이 된 후, 루이 13세는 어머니 대신 능력 있는 재상을 찾아 나랏일을 돌보게 했어요. 프랑스의 절대 왕정은 바로 그들에 의해서 자리 잡기 시작했어요.

그 첫 번째 재상이 리슐리외였어요. 리슐리외는 왕과 모든 신하들 앞에서 선언했어요.

"나에게 첫 번째 목표는 국왕이 아무 조건 없이 존경받는 것이다. 그리고 나의 두 번째 목표는 왕국이 끊임없이 발전하는 것이다!"

자신의 말대로 리슐리외는 국왕의 권위를 방해하는 그 어떤 일도 용서하지 않았어요. 그리하여 우선 위그노를 철저하게 탄압했고, 지방 관리를 보내 지방의 영주를 감시했어요. 그런가 하면 세금에 대한 압박으로 농민들이 반란을 일으키자 잔인하게 공격했지요.

또한 귀족들이 특별한 권리를 누리지 못하도록 막았어요. 그중 하나가 문제가 벌어졌을 경우 결투로 해결하지 못하게 한 것이었지요. 대신 국왕의 재판에 따르도록 했어요. 귀족들이 국왕 앞에서 거만하게 굴지 못하게 하기 위해서였어요.

이런 리슐리외의 활약으로 루이 13세의 왕권은 아주 강해졌어요.

리슐리외의 뒤를 이어 재상의 자리에 오른 마자랭도 리슐리외 못지않았어요. 마자랭 역시 왕권을 강하게 하기 위해 노력했지요. 그런 덕분에 루이 14세 때에는 절대 왕정의 전성기를 맞게 되었어요.

마자랭은 루이 14세가 즉위하자 이런 말도 서슴지 않았어요.

"프랑스 국민은 누구나 국왕의 말에 복종해야 합니다. 국왕은 신과 똑같은 존재입니다."

그 말에 따라 루이 14세는 자신이 가진 권력을 '태양'에 비유했어요. 그래서 신하들은 루이 14세를 태양왕이라고 부르기 시작했지요.

마자랭이 세상을 떠나자, 루이 14세가 직접 나라를 다스리기 시작했어요. 그리고 신하와 국민들에게 말했지요.

"짐이 곧 국가다!"

귀족들은 거대해진 왕의 권력 앞에

루이 14세

1638년 루이 13세의 아들로 태어나 여섯 살에 왕위에 올랐어. 프랑스 절대 왕정 전성기의 왕이야.

짐이 곧 국가다!

힘을 쓰지 못했어요. 오히려 루이 14세의 눈치를 보기에 바빴어요. 어떤 귀족들은 루이 14세가 옷을 입을 때 시중드는 일을 하겠다며 앞다투어 나서기도 했어요.

이처럼 절대적인 왕권을 누린 루이 14세는 그에 걸맞은 궁전을 갖고 싶었어요. 루이 14세는 베르사유에 길이가 400미터나 되는 거대한 궁궐을 짓고, 수많은 방을 만들었어요. 양쪽에 각각 열일곱 개의 거대한 유리창과 거울이 서로 마주보게 만든 '거울의 방'이 특히 화려했어요. 정원에는 아폴론과 제우스, 포세이돈 같은 그리스 신의 석상을 세웠는데, 그 얼굴은 하나같이 루이 14세의 얼굴이었어요. 루이 14세는 밤마다 수만 개의 촛

**절대 왕정의 상징,
베르사유 궁전**
원래 루이 13세가 파리 남서쪽의 베르사유에 세운 사냥용 별장이었다. 그것을 루이 14세가 바로크 양식의 화려한 궁전으로 다시 지었다.

불을 밝히고, 무도회를 열기도 했어요.

루이 14세는 이곳에 귀족들을 불러들여 살게 하고 그들에게 강제로 궁정 예절을 가르쳤어요. 귀족들은 국왕이 요구하는 것은 무엇이든 실제로 했고, 불만은커녕 언제든 잘 보이려 애썼어요.

이런 점을 이용해서 루이 14세는 귀족들이 돈을 펑펑 쓰게 만들었어요. 귀족들의 힘을 억누르고 행동을 조종하기 위해서였어요. 귀족들은 더 많은 돈을 썼고, 끝내 가난해졌어요. 자신들이 살아남을 방법은 더욱 더 국왕에게 충성하는 방법밖에 없었지요.

하지만 루이 14세가 오로지 즐기기만 한 것은 아니었어요. 충성스럽고 유능한 지방 장관을 보내 각 지방을 좀 더 꼼꼼하게 다스렸어요. 그렇게 해서 왕 중심의 중앙 집권 체제를 완전하게 갖추어 놓았어요. 이어 이름난 장군 튀렌에게 명령하여 군대를 강하게 만들었어요. 튀렌은 약 20만 명에 달하는 군대를 훈련시켜, 프랑스가 어느 나라에 못지않은 군사력을 갖도록 했어요. 프랑스는 막강한 군사력 덕분에 절대 왕정 국가의 전성기를 맞을 수 있었답니다.

나중에는 콜베르를 재무장관으로 임명해서 중상주의 정책을 더욱 활발히 시행하게 했어요. 콜베르는 상공업

무도회

사람들이 모여 춤추며 서로 사귀는 모임이야.

튀렌

프랑스 절대 왕정 시기의 장군이야. 열다섯 살 때부터 군대 생활을 시작했어. 여러 전투에서 군대를 이끌며 승리를 거두었지. 훗날 나폴레옹도 그의 전략을 배웠대.

직물

씨실과 날실을 걸어 짠 물건을 말해. 양털로 실을 만들어 짜면 모직물, 면화로 실을 만들어 짜면 면직물이라 하지.

제조업

물품을 아주 많이 만드는 사업을 말한단다.

을 보호하고 더 발전시키기 위해서 외국에서 기술자를 데려오기도 했어요. 그럼으로써 직물 공업 말고도 도자기나 향수 등의 제조업이 발달했지요.

뿐만 아니라 식민지 개척에도 힘을 쏟아 북아메리카 대륙의 미시시피강 유역에 루이 14세의 이름을 딴 도시를 세웠어요. 바로 루이지애나이지요. 더불어 식민지 확장에 필요한 해군의 힘을 크게 키웠어요.

루이 14세는 이렇게 강력한 힘을 바탕으로 여러 차례 침략 전쟁을 일으켰어요. 영토에 대한 욕심이 컸기 때문이에요. 루이 14세는 서쪽으로는 피레네산맥(오늘날 에스파냐와 프랑스의 국경을 이룸) 부근까지, 동쪽으로는 라인강(유럽 중부를 흐르는 강)까지 프랑스의 영토를 넓히려고 했지요. 루이 14세가 전쟁을 일으킨 또 다른 이유는 합스부르크 왕가가 더 이상 커지는 것을 막기 위해서였어요. 이 당시 에스파냐와 네덜란드를 비롯해 유럽 여러 나라의 왕이 모두 합스부르크 가문 출신이었거든요. 루이 14세는 합스부르크 가문이 더 이상 성장하는 것을 두고만 볼 수 없었던 거예요. 그래서 네덜란드와 에스파냐의 왕위 계승에 간섭하며 전쟁을 일으켰지요.

그러나 전쟁은 그리 성공적이지 못했어요. 주변에 있

는 영국과 독일 같은 나라들
이 프랑스의 힘이 커지는 것
을 두려워해서 동맹을 맺고
함께 프랑스와 싸웠기 때문
이에요.

　결국 전쟁이 계속되고 베르
사유 궁전을 건설하는 데 많
은 비용이 들어가다 보니 나

라의 재정이 궁핍해지기 시작했어요. 그리고 그 부담
은 국민들이 져야 했지요. 국민들은 점차 루이 14세의
절대 왕정에 불만을 갖게 되었어요. 이것은 훗날, 프랑
스 혁명의 원인 중 하나가 되기도 했어요.

　여기에 더하여 루이 14세는 프랑스를 가톨릭 국가로
만들고 싶은 욕심에 위그노를 박해했어요. 그 때문에
25만 명에 이르는 신교도들이 네덜란드 등 이웃 나라
로 쫓겨나거나 도망가 버렸지요. 그런데 그들 중에는
유능한 상공업 계층들이 많아서 나중에는 프랑스의 경
제에 큰 타격을 주었어요. 물론 루이 15세까지 절대 왕
정은 계속되었지만, 프랑스는 사회 전체가 불안해지기
시작했어요.

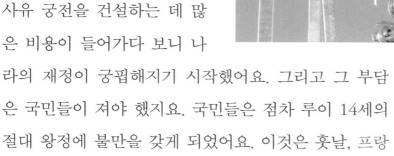

프랑스 혁명

프랑스 시민이 자유, 평등 같
은 권리를 찾기 위해 1789년
부터 1794년까지 일으킨 혁
명이야. 왕이나 귀족, 성직자
만 위하고 백성은 생각하지
않는 옛 정치를 견디다 못해
일어났지.

30년 전쟁과 프로이센

독일(신성 로마 제국)에는 종교 개혁 이후, 가톨릭과 개신교가 함께 어우러져 있었어요. 그러던 17세기 초, 개신교 제후국들이 모여 프로테스탄트(개신교도) 모임을 만들었어요. 그러자 이에 맞서기 위해서 가톨릭 제후국들도 또 다른 제후국 바이에른(오늘날 독일 남동부 지역)을 중심으로 가톨릭 동맹을 만들었지요.

그로부터 10년 후, 개신교 제후국 보헤미아(오늘날 체코 서부 지역)의 왕이 된 페르디난트 2세가 신교도를 탄압하는 사건이 일어났어요. 이에 엄청나게 화난 보헤미아와 오스트리아의 프로테스탄트 귀족들이 반란을 일으켰어요.

"우리는 페르디난트 2세를 황제로 인정할 수 없다!"

그러고는 팔츠 선제후를 새 국왕으로 올리고 페르디난트 2세와 싸웠어요.

이때 페르디난트 2세는 재빨리 에스파냐에 도와달라고 연락했어요. 에스파냐는 군대를 보내 주었지요. 이제 독일의 개신교 세력들은 거의 없어질 위기에 처하게 되었어요.

그런데 이때 북쪽 지방의 프로테스탄트 국가인 덴마

크가 싸움에 끼어들었어요. 개신교가 무너지는 걸 그냥 지켜볼 수가 없었던 거예요. 그런가 하면 프랑스도 개신교를 돕고자 전쟁에 참여했지요. 이런 식으로 여러 나라가 뒤엉킨 전쟁은 30년이나 계속되었어요. 이를 30년 전쟁이라 해요.

그러던 1648년 베스트팔렌에서 신교와 구교(가톨릭교)가 서로를 인정하는 조약을 맺음으로써 겨우 전쟁이 끝났지요. 하지만 전쟁이 끝났을 때, 독일은 온 나라가 황폐해졌고 뭉쳐 있던 제후국들이 독립해 나갔어요. 그럼으로써 독일의 영토는 아주 좁아졌어요. 뿐만 아니라 1600만 명이던 인구가 600만 명으로

신교가 우세한 지역 ■
구교가 우세한 지역 ■
신성 로마 제국 영역 □

30년 전쟁 당시 유럽

스웨덴
덴마크
영국
오스트리아
프랑스
에스파냐

가장 치열했던 종교 전쟁, 30년 전쟁
독일 안에서 신교와 구교가 벌인 전쟁이었다. 이 전쟁 결과 신교와 구교는 동등한 권리를 갖게 되었다.

크게 줄었지요. 경제는 사실상 마비될 지경이었고 중산층은 완전히 가난해져 버렸어요.

그래서 역사가들은 베스트팔렌 조약을 일컬어 '독일의 사망 증명서'라고 표현했지요.

그나마 브란덴부르크(오늘날 독일 동북부 지역)의 프로이센만이 주권 국가가 되겠다는 꿈을 꾸었어요. 프로이센은 프리드리히 빌헬름이 통치하면서 절대 왕정의 체제를 갖추어 나가기 시작했어요.

프리드리히 빌헬름은 프랑스의 위그노를 비롯한 외국인을 끌어들여 산업 발전에 필요한 인력을 보충했어요. 상비군도 만들어 두었어요. 그리고 귀족들을 설득

주권 국가
- - - - - - - - - - - - - - -
다른 나라의 간섭을 받지 않고 스스로 다스리는 나라야.

30년 전쟁을 끝내기 위한 베스트팔렌 조약
프로이센의 한 주인 베스트팔렌 뮌스터 시에서 에스파냐, 프랑스, 스웨덴, 독일의 자유 도시들이 참여해 조약을 맺었다.

– 테르보르흐 〈뮌스터 조약의 비준에 관한 서약〉

하여 정부의 중요한 관리와 군대의 장교로 임명했지요.

그 뒤를 이은 프리드리히 1세는 수도를 베를린으로 옮겼고, 이어 그의 아들 프리드리히 빌헬름 1세는 군사비를 더 투자하여 상비군을 20만 명으로 늘렸어요. 심지어 나랏돈의 절반을 군사비로 쓰기도 했지요. 그 때문에 프리드리히 빌헬름 1세는 '군인 왕'이라는 별명을 얻기도 했어요. 그야말로 프리드리히 빌헬름 1세는 프로이센의 군대를 유럽 최강으로 만들기 위해 물불을 가리지 않았답니다.

마침내 프로이센이 막강한 유럽 국가 중 하나가 된 것은 프리드리히 2세 때였어요.

프리드리히 2세는 어린 시절, 매우 나약하고 음악을 좋아하는 수줍은 소년이었어요. 프리드리히 2세는 플루트 연주하는 걸 좋아했고, 프랑스의 예술을 사랑하며 시를 짓곤 했어요. 프리드리히 빌헬름 1세는 그런 아들이 마음에 들지 않았지요. 그래서 밥을 굶기거나 감옥에 가두는 방법으로 아들을 훈련시켰어요.

"프로이센의 지도자가 되려면 강철같이 튼튼해야 해. 너처럼 나약해서는 이 나라를 이끌어 갈 수가 없어!"

그런데 어떤 이유에서인지 프리드리히 2세는 자라면서 매우 씩씩한 군인의 모습을 드러내기 시작했어요.

프리드리히 2세

프로이센의 왕이었어. 1740년 20대 후반에 왕위에 올라 프로이센을 유럽의 강대국으로 키웠어.

아니나 다를까 프리드리히 2세는 왕위에 오른 뒤, 더욱 강력한 군대를 만들었고 이를 바탕으로 프로이센을 유럽의 강대국으로 성장시켰어요.

물론 왕이 된 후에도 프리드리히 2세는 프랑스 예술을 사랑했고, 책을 썼으며 프랑스의 뛰어난 문학가 볼테르와 편지를 주고받기도 했어요. 자신이 지은 상수시 궁전에 볼테르를 초대해서 이야기를 나누기도 했고요.

이윽고 프리드리히 2세는 군대를 이끌고 오스트리아의 왕위 계승 전쟁에 참여했어요.

오스트리아에서 황제 카를 6세가 세상을 떠났는데, 그 뒤를 이을 왕자가 없었거든요. 그래서 딸인 마리아 테레지아가 왕위를 물려받았지요.

"여자가 왕위에 올라서는 안 됩니다!"

프리드리히 2세가 이렇게 주장하며 전쟁에 참여한 데는 다른 속셈이 있었어요. 프리드리히 2세는 공업이 발달하고 지하자원이 풍부한 슐레지엔을 차지하고 싶었어요. 프로이센을 힘센 나라로 이끌기 위해서는 슐레지엔의 상업과 지하자원이 꼭 필요했으니까요.

그러자 마리아 테레지아는 프랑스와 러시아, 두 나라와 손잡고 프리드리히 2세와 싸우기로 했어요. 프리드리히 2세도 영국을 끌어들였어요.

슐레지엔

오늘날의 폴란드와 체코에 걸친 지역이었어. 석탄, 철, 납, 주석, 구리 등이 많았지.

결과는 프리드리히 2세의 승리였어요. 결정적인 순간에 러시아의 여왕이 세상을 떠나는 바람에 러시아 군대가 돌아갔기 때문이에요. 이 승리로 프로이센은 슐레지엔 지역을 얻었고 영토는 1.6배, 인구는 무려 두 배 이상 늘어났어요.

이로써 프로이센은 유럽에서 제일 힘센 나라 중 하나로 떠오를 수가 있었어요. 프리드리히 2세는 전쟁이 끝난 후에도 항상 군복을 입고 다녔고, 자신의 신념을 많은 사람들에게 이야기했어요.

"나라에서 가장 중요한 것은 군대를 강하게 하는 일이다. 그러므로 열 명의 학자보다 단 한 명의 훌륭한

**대왕의 휴식 공간
상수시 궁전**
독일의 도시 포츠담에 있는 궁전이다. 프랑스 문화를 좋아하던 프리드리히 2세가 베르사유 궁전을 따라 지었다. '상수시'는 프랑스 말로 '근심이 없는'이란 뜻이다.

장교를 먼저 얻어야 한다!"

그 말에 따라 프리드리히 2세는 엄격한 군대 법으로 병사들을 끊임없이 훈련시켰고, 더 강한 군대를 만들어 나갔어요.

물론 군대에만 힘을 쏟은 건 아니었어요. 강한 군대를 유지하기 위해서는 경제 발전이 필수였기 때문에 산업 발전에도 눈을 돌렸어요. 농민들에게 농기구를 무료로 주고, 도로와 다리를 세웠어요. 금속 공업과 섬유 공업을 발전시키기 위해서도 노력했지요. 그러면서 프리드리히 2세는 프랑스의 루이 14세와는 달리 "나는 국민의 최고 머슴이다!"라는 말을 남겼어요.

러시아, 뒤늦은 발전

유럽에서 절대 왕정이 가장 늦게 세워진 나라는 러시아였어요. 오랫동안 몽골의 지배를 받았던 러시아는 15세기 말 모스크바 대공국의 이반 3세에 의해 독립하여, 주변의 여러 나라를 하나로 통일하는 데 겨우 성공했지요. 그리고 이반 4세 때, 상비군을 처음 만든 뒤 황제를 차르라 부르며 절대 왕정의 기틀을 만들었어요. 하지만 이반 4세가 세상을 떠난 뒤, 한동안 왕위 계승을 두고 혼란이 이어져 발전을 이루지 못했어요.

그 와중에 차르가 된 표트르 1세(40쪽)는 눈부시게 발전하는 유럽에 관심이 많았어요. 표트르 1세는 러시아 땅에 들어와 사는 유럽 사람을 만나 유럽에서는 사람들이 어떻게 사는지 묻기도 했지요.

무엇보다 표트르 1세의 가장 큰 관심은 커다란 배를 만들어 유럽으로 힘을 뻗어 가는 것이었어요.

'자유롭게 유럽을 오가며 물건을 사고팔고, 기술을 배워 올 수만 있다면 러시아도 크게 발전할 텐데!'

하지만 러시아에는 배가 드나들 만한 항구가 마땅치 않았어요. 하나뿐인 항구 아케인젤은 일 년에 절반은 바다가 얼어붙어 배를 마음대로 띄울 수가 없었지요.

모스크바 대공국
12세기경만 해도 모스크바 강변의 작은 마을이었으나 14, 15세기경 여러 나라를 통일하여 러시아 제국의 기초를 만들었어.

차르
고대 로마에서 황제를 가리키던 카이사르라는 말에서 유래했다고 해.

그래서 표트르 1세는 아조프 항구에 눈독을 들였어요. 아조프 해 연안의 아조프 항구를 차지하면 아조프 해를 지나 흑해로 나갈 수 있고 지중해로도 나갈 수 있기 때문이었어요.

하지만 아조프 항구는 오스만 제국의 땅이었어요. 결국 표트르 1세는 군대를 이끌고 항구를 포위한 뒤, 오스만 제국에게 항복하라고 외쳤어요. 오스만 제국은 한동안 성문을 굳게 닫아걸고 버텼지만, 표트르 1세의 공격에 곧 무너져 버렸지요.

하지만 더 큰 문제가 표트르 1세를 기다리고 있었어요. 러시아의 배는 아조프 해를 지나 흑해까지는 항해할 수 있었지만, 지중해로 통하는 해협을 오스만 제국의 강력한 군대가 막고 있었던 거예요. 표트르 1세는 당시 러시아의 힘으로는 절대 오스만 제국을 이길 수 없다는 것을 알고 있었어요.

'우선 나라의 힘을 더 키워야겠어!'

그리고 표트르 1세는 유럽을 방문하기로 결심했어요. 귀족과 관리, 선원들을 앞세워 폴란드를 비롯해 독일과 네덜란드, 그리고 영국까지 돌아보기로 마음먹었지요. 표트르 1세는 가는 곳마다 유럽 사람들이 사는 모습을 자세히 관찰했고, 어떤 물건을 쓰고 있는지, 어떤 기술이 발달했는지 낱낱이 살피고 다녔어요. 네덜란드의 암스테르담을 방문했을 때에는 동인도 회사의 선착장에서 일꾼으로 일하기도 했어요. 직접 일을 하면서 배우고 싶었던 거예요. 그런가 하면 영국을 방문했을 때에는 런던 탑과 조폐국을 둘러보았고, 왕립 학회에도 참석했어요.

다시 러시아로 돌아온 표트르 1세는 신하들에게 먼저 외모부터 유럽 사람처럼 바꾸라고 호통을 쳤어요.

"수염을 기르고 있는 모습이 매우 야만스럽게 보이니 모두 깎아야 합니다."

그리고 표트르 1세는 자신부터 수염을 깎았어요. 대부분의 귀족들은 차르의 명령에 따랐지만 어떤 귀족들은 '수염이 없으면 천국에 갈 수 없다.'는 미신을 믿고 자른 수염을 따로 보관하기도 했지요.

그 다음에는 길고 헐렁한 옷을 벗어 버리고 유럽 사람처럼 입으라고 권했어요.

또한 직접 유럽에서 가져온 문물을 살펴보고, 기술자를 데려와 여러 물건을 만드는 데 도움을 받았어요.

힘을 모은 표트르 1세는 다시 바다로 눈을 돌렸어요. 이번에는 아조프 해가 아닌 발트 해였어요. 왜냐하면

선착장
배가 와서 닿는 곳, 즉 나루터를 말해.

조폐국
화폐를 만드는 곳이야.

왕립 학회
1660년 영국에서 세운 자연 과학 학회야.

노르웨이

스웨덴

덴마크

상트페테르부르크

나르바

발트 해

16~17세기 스웨덴 영역

오스만 제국은 여전히 강했고, 돌아서 가더라도 발트 해를 통한다면 영국과 프랑스는 물론 지중해의 여러 나라로 가는 것이 어렵지 않다고 판단했기 때문이에요.

하지만 발트 해 주변은 모두 스웨덴 땅이었어요. 하는 수 없이 표트르 1세는 덴마크와 노르웨이 두 나라와 힘을 합쳐서 스웨덴에 전쟁을 선포했어요. 마침 덴마크와 노르웨이는 스웨덴이 자꾸만 강한 나라가 되는 게 두려워지던 참이었거든요.

표트르 1세는 스웨덴과의 전쟁에서 쉽게 이길 수 있으리라 자신했어요. 왜냐하면 스웨덴의 왕 칼 12세는 고작 열아홉 살이었던 데다가 요란한 파티를 자주 즐기는 등 방탕하다는 소문을 들었기 때문이지요.

하지만 전쟁이 시작되자 표트르는 자신이 잘못 판단했다는 사실을 깨달았어요. 힘이 부족한 쪽은 오히려 러시아 연합군 쪽이었어요.

러시아군의 출동이 늦어지는 바람에, 그 사이를 틈타 스웨덴군이 먼저 덴마크를 공격해서 굴복시켰던 거예

칼 12세
1697년 열다섯 살 때 스웨덴 왕이 되었어. 훌륭한 무장이기도 했지.

요. 러시아군이 스웨덴의 도시 나르바를 공격하기 위해 가까스로 이르자, 이번에는 러시아군의 대포가 말썽이었어요. 고장 난 것도 많았고, 화약이 터지지 않는 것도 수없이 많았어요. 러시아의 화약 만드는 기술이 부족했기 때문이에요. 더구나 표트르 1세가 급한 일로 본국으로 돌아가는 사이 러시아군은 크게 지고 말았어요.

그러나 이듬해 봄, 표트르 1세는 마침내 직접 군사를 이끌고 네바 강 부근의 작은 도시를 점령했어요. 표트르 1세는 그곳의 이름을 상트페테르부르크라고 정하고, 그곳에 거대한 도시를 만들 계획을 세웠어요. 그리고 곧바로 공사를 시작했지요.

하지만 얼마 뒤, 스웨덴의 칼 12세가 다시 공격해 오는 바람에 러시아군은 후퇴하지 않을 수 없었어요. 이때 표트르 1세는 꾀를 냈어요. 겨울이 오고 있음을 깨달은 표트르 1세는 스웨덴군을 러시아 땅 깊숙이 끌어들였어요. 스웨덴군은 러시아군이 물러나는 줄 알고 더 추운 러시아 땅으로 따라 들어갔지요.

결국 추위를 견디지 못한 스웨덴군은 무려 1만 명이 얼어 죽거나 포로가 되고 말았어요. 또 얼마 후에는 칼 12세도 총에 맞아 세상을 떠났지요.

그럼으로써 상트페테르부르크는 완전히 러시아의 손

나르바

오늘날 에스토니아 공화국의 도시야. 1581년부터 1704년까지 스웨덴의 영토였어.

상트페테르부르크

발트 해 바닷가의 도시야. 지금도 모스크바에 버금가는 공업, 학술, 문화 도시란다.

제철소

철광석을 녹여 철을 뽑아낸
다음 강철판이나 강철관을
만들어 내는 곳이야.

에 들어왔어요. 표트르 1세는 그곳에 수많은 공장과 제철소를 지었고, 부근에 광산을 개발했어요. 그리고 상트페테르부르크를 새로운 수도로 선포했어요. 아무래도 모스크바는 유럽으로 진출하기에는 너무나 멀었기 때문이에요.

**군사들을 이끄는
표트르 1세**
표트르 1세는 칼 12세와의
전투에서 승리하여 오늘날의
상트페테르부르크를
차지할 수 있었다.

이제 러시아는 발트 해를 통해 유럽으로 나갈 수 있는 항구를 얻게 되었어요.

하지만 표트르 1세가 유럽으로 힘을 뻗는 일에만 힘을 쏟은 것은 아니었어요. 표트르 1세는 국내 산업을 키우는 데도 온 힘을 쏟았고, 상비군을 강화시켜 절대 왕정을 튼튼하게 했어요.

표트르 1세가 죽은 뒤, 러시아에는 37년 동안 무려 여섯 명의 황제가 바뀌는 등 다시 혼란이 왔어요. 하지만 그 뒤를 이어 황제의 자리에 오른 예카테리나 2세 덕분에 안정을 찾았어요.

예카테리나 2세는 자신의 남편을 없애고 스스로 황제가 된 후, 법을 담은 책인 법전을 내고 학교와 병원을 세웠어요. 이런 개혁을 하면서 더욱 강하게 중앙 집권 정치를 펼쳤지요. 경찰의 힘을 키우고 귀족을 우대하면서 농노제를 강화하여 시민들을 더욱 억눌렀어요. 그 때문에 농민 반란이 자주 일어났지요. 그중 볼가강 유역을 중심으로 일어난 푸가초프의 반란은 한때 러시아 정부를 위기에 빠뜨리기도 했어요.

그럼에도 불구하고 예카테리나 2세는 해군을 더욱 강하게 키워 오스만 제국과의 전쟁에서 이겼답니다. 그 덕분에 흑해 연안은 물론 아조프 해와 흑해 사이의 크림 반도 일부를 차지했어요. 그리고 마침내 크림 반도의 세바스토폴 항구에 기지를 만들고 이곳을 통해서 밀을 더 많이 수출하는 등

농노제

농민이 영주에게 묶여서 영주의 땅에 농사를 지으며 세금을 내고 영주가 요구하는 일을 하던 제도야.

스스로 왕이 된 예카테리나 2세

1729년 독일 제후국의 공녀로 태어나 러시아 표트르 3세와 결혼했다. 계몽사상을 좋아했으며 표트르 3세가 나라를 잘못 다스린다고 생각해 물러나게 했다.

유럽에 본격적으로 나갈 수 있게 되었어요. 이렇게 러시아는 서서히 유럽의 강대국으로 발돋움했어요.

절대 왕정 시대의 문화

절대 왕정이 전성기를 이루었던 17세기, 문화의 중심 역시 왕실이었어요.

이 무렵에는 살롱이라 불리는 귀족과 문학가 모임이 유행했어요. 원래 살롱은 앙리 4세가 종교 전쟁을 거치면서 거칠어진 귀족들에게 부드러운 말씨와 예절을 가르치기 위해서 궁정 안에서 연 모임을 계기로 시작되

앙리 4세

프랑스의 왕이야. 1598년 낭트 칙령을 발표하여 프랑스의 종교 전쟁인 위그노 전쟁을 끝냈어.

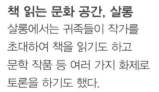
책 읽는 문화 공간, 살롱
살롱에서는 귀족들이 작가를 초대하여 책을 읽기도 하고 문학 작품 등 여러 가지 화제로 토론을 하기도 했다.

– 장 프랑수아 드 트로이 〈살롱에서 몰리에르를 읽는 사람들〉

었어요. 이 모임은 궁정에서 귀족들의 집으로 유행처럼 퍼져 나갔지요. 이 모임에는 재상 리슐리외와 같은 정치인은 물론이고 코르네유와 같은 문학가도 참여했어요. 모임에 참석한 사람들은 주로 사랑이나 명예 등에 대해 이야기를 나누었어요. 이렇게 얘기를 나누다가 《클레브 공작 부인》 같은 작품이 탄생하기도 했어요.

현실을 풍자한 소설 《걸리버 여행기》
저자 스위프트는 이 책에서 영국 정부의 아일랜드 수탈, 구교와 신교의 싸움 등을 풍자하여 호응을 받았다. 위 사진은 책의 한 장면을 담은 동상이다.

그런가 하면 이즈음 영국에는 왕의 권위에 맞서려는 시민들이 많았어요. 그런 중산층 시민을 독자로 하는 문학 작품이 탄생했어요. 스위프트가 쓴 《걸리버 여행기》, 디포가 쓴 《로빈슨 크루소》, 밀턴이 쓴 《실락원》이 바로 그러한 작품이었어요.

《걸리버 여행기》는 주인공 걸리버가 소인국과 대인국을 오가며 모험을 벌이는 이야기예요. 마치 여행기처럼 풀어 나가고 있지만, 사실은 그 시대의 정치나 사상을 풍자하는 것이었답니다.

《걸리버 여행기》에 영향을 준 당시의 베스트셀러가 있었어요. 바로 《로빈슨 크루소》라는 작품이었어요. 영

🏰 클레브 공작 부인
라파예트 부인이 쓴 문학 작품이야. 프랑스 궁정을 배경으로 한 사랑 이야기지.

세계적인 독일 작가, 괴테
1749년 독일 프랑크푸르트 암마인에서 법률가의 아들로 태어났다. 이십 대 중반에 《젊은 베르테르의 슬픔》으로 베스트셀러 작가가 되었다. 이후 《이탈리아 여행기》, 《파우스트》 등 훌륭한 문학 작품을 남겼다.

– 요한 티슈바인
〈로마의 괴테〉

국 선원 크루소가 배를 타고 모험에 나섰다가 배가 비바람을 만나 부서진 탓에 홀로 무인도에 도착해요. 거기에서 온갖 노력과 연구를 하며 무인도 생활에 적응한다는 이야기이지요. 크루소는 스스로 오두막을 짓고, 불을 피우고 염소를 키워요. 곡식도 재배해요. 그러다가 식인종에게 잡혔던 포로 프라이데이를 구출해서 하인으로 삼지요. 나중에는 영국의 반란선을 진정시키고 고국으로 돌아와요. 디포가 60세 가까운 나이에 써서 크게 인기를 끌었어요.

이웃 독일에서는 괴테가 등장하여 《젊은 베르테르의 슬픔》을 썼어요. 주인공 베르테르가 아름다운 여인을 만나 사랑하지만, 그녀에게 약혼자가 있다는 것을 알고 방황하다가 결국 자살에 이르게 되는 내용을 담고 있어요. 인간의 풍부한 감정을 담은 작품으로 널리 알려져 있답니다.

이 무렵 궁정의 후원을 받은 화가들의 작품도 많이 탄생했어요. 사람의 감정을 자유롭게 담아낸 작품이 많았지요.

루벤스는 아주 화려한 그림을 그리는 것으로 유명했어요. 특히 여성을 독특하게 표현하는 데 뛰어났어요.

그런가 하면 루벤스의 제자 반 다이크는 스승과는 다르게 그림 분위기가 우아했어요. 반 다이크가 그린 초상화는 많은 사람들의 사랑을 받았어요. 특히 영국 왕실의 초대를 받아 그린 찰스 1세의 초상화는 아주 훌륭한 그림으로 알려져 있지요.

렘브란트는 궁정 화가들과는 달리 네덜란드의 활발한 상공업 활동이나 소박하기 그지없는 시민들의 생활에 관심을 기울였어요. 렘브란트가 그린 그

화려한 그림을 그린 화가 루벤스
루벤스는 1577년 독일 중서부의 지겐에서 태어났다. 주로 오늘날 벨기에의 플랑드르에서 활동하며 화려하고 생동감 넘치는 그림을 그렸다.

— 루벤스
〈화환 속의 성모 마리아〉

림의 주제는 역사와 신화, 풍경 등 다양했어요. 색채나 밝고 어둡기를 강조해 그림을 그렸지요.

군이 구분을 하자면 렘브란트의 그림은 매우 사실적이었고, 신교와 관련된 그림이 많았어요. 반면 루벤스의 그림은 가톨릭과 관련된 그림이 많았답니다.

한편 절대 왕정 시대에는 '과학 혁명의 시대'라 불릴 정도로 자연 과학이 크게 발달했어요.

"세상은 신이 아닌, 만유인력이라는 일정한 질서와 법칙에 따라 움직입니다."

영국의 뉴턴이 만유인력을 발견해 사람들을 깜짝 놀

🐦 만유인력
세상의 모든 물체는 서로 끌어당기는 힘이 있다는 뜻이란다.

유럽을 지배한 왕실 가문, 합스부르크가

합스부르크 가문은 스위스와 독일 남부 지역의 백작 가문이었어요. 그런데 1273년 합스부르크 가문의 루돌프 1세가 신성 로마 제국의 황제가 되었고, 아들에게 오스트리아 지역을 나눠 주어 오스트리아 왕가가 되었어요. 그리고 15세기경 카를로스 1세의 할아버지 막시밀리안 1세와 아버지인 필리프 1세가 유럽 여러 왕가와 혼인하면서 유럽의 왕가와 이어지기 시작했어요.

마침내 합스부르크 가문은 유럽 최대의 왕실 가문이 되었지요. 절대 왕정 시기에 최고로 번성하여 에스파냐와 네덜란드의 왕을 배출했어요. 오스트리아의 경우 무려 600년을 지배하기도 했어요. 이 무렵 오직 프랑스 국왕만 합스부르크 출신이 아니었답니다.

이후 오스트리아 합스부르크 왕가의 마지막 계승자인 마리아 테레지아를 끝으로 정통 합스부르크 왕가는 대가 끊기게 되었지요.

라게 했어요.

같은 나라의 의사 하비는 혈액이 어떻게 몸 안을 도는지 그 원리를 밝혀냈어요. 과학자 보일은 기체의 압력이 커질수록 부피는 줄어든다는 사실을 발견했고요.

18세기에 들어서자 프랑스의 라부아지에가 산소를 발견했어요. 스웨덴의 린네는 식물 분류학을 만들어 냈어요. 영국의 의사 제너는 종두법을 발견해 수많은 어린아이의 죽음을 막았답니다.

이와 같은 과학 혁명 덕분에 사람들의 생각은 크게 달라지기 시작했어요.

식물 분류학
식물에 이름을 붙이고 체계를 세우는 학문이야.

종두법
천연두를 예방하기 위해 독을 없앤 균이나 죽은 균으로 만든 약을 사람의 몸에 넣는 치료법이야.

유럽 절대 왕정 시기의 왕 중 한 명을 골라 잘한 점과 잘못한 점이 뭘까 생각해 보자.

베르사유 궁전에
파티가 열렸어!

베르사유의 궁전은 17세기경 루이 14세가 지은 궁전이에요.
프랑스 파리 부근에 위치해 있으며,
유럽 전체를 대표하는 아름다운 궁전이지요.
1979년에는 유네스코 세계 문화유산에 지정되기도 하였어요.

루이 14세는 재무 장관이었던 니콜라 푸케가
새로 지은 '보르비콩트 성'을 보고는
화가 치밀었어요. 자신이 사는 궁전보다
화려하고 호화로웠거든요. 그는 당장
건축 분야의 최고 전문가들을 불러
아버지가 만든 사냥용 별장을
베르사유 궁전으로 고쳐 지었어요.

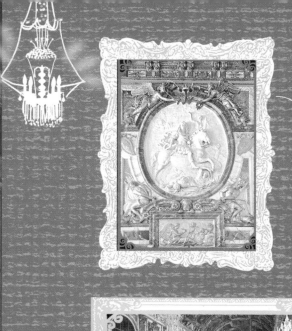

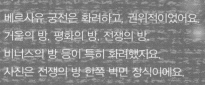

베르사유 궁전은 화려하고, 권위적이었어요.
거울의 방, 평화의 방, 전쟁의 방,
비너스의 방 등이 특히 화려했지요.
사진은 전쟁의 방 한쪽 벽면 장식이에요.

큼직한 정원은 아름다운 분수대와 폭포,
이국적인 식물과 조각으로 꾸며져 있었어요.

거울의 방이에요.

700여 개의 방, 2,000개의 창이 있는
베르사유 궁전에는 화장실이 없었어요.
그래서 보기에는 매우 아름다웠지만,
냄새가 아주 고약하기로도 유명했답니다.

2장 영국의 근대 혁명

산업 혁명 시기의 영국 산업

공업 지역 ●
제철 공업 발달 ◆
면직물 공업 발달 ★
모직물 공업 발달 ☆
철도 ━

글래스고
에든버러
칼라일
맨체스터
리버풀
버밍엄
브리스톨
런던

내 이름은 조이스야. 맨체스터에 사는 열두 살 소녀란다.

미안하지만 나에게 이야기를 할 때는 큰 소리로 말해야

해. 귀가 잘 들리지 않거든. 어릴 때는 안 그랬어. 그런데 기계 돌아가는 소리로

늘 시끄러운 공장에 나가 일하면서부터 이렇게 되었어. 놀랄 것 없어. 여섯 살

짜리도 공장에서 일하니까. 우리 오빠는 3년 전, 열한 살 때 공장에서 일하다가

한쪽 팔을 잃었어. 우리가 이렇게 된 건 아무래도 기계 때문인 것 같아.

기계가 없어지면 좋겠어.

최초의 시민 혁명, 청교도 혁명

왕권신수설을 믿은 제임스 1세
엘리자베스 1세 대신 왕이 될 뻔했던 스코틀랜드 여왕 메리 1세의 아들이다. 엘리자베스 1세의 후손이 없어 영국의 왕이 되었다.

청교도
칼뱅의 교리를 철저히 지키며 성공회에 남은 가톨릭 요소를 거부하는 신교도야.

엘리자베스 1세가 세상을 떠난 뒤, 스코틀랜드의 왕 제임스 1세가 영국의 왕위를 이었어요. 그런데 제임스 1세는 왕권신수설을 믿는 사람이었어요.

"왕의 권력은 신이 주신 것이다! 그러니 국왕은 신에게만 책임을 다하면 된다. 신하에게는 책임질 게 없다. 또한 국왕은 법의 지배도 받지 않는다!"

그런데 이즈음, 영국 의회에는 왕이라도 법을 지켜야 한다는 생각을 가진 청교도와 젠트리가 많이 있었기 때문에 국왕은 이들과 자주 부딪힐 수밖에 없었어요.

하지만 제임스 1세는 한술 더 떠서 왕실의 재정을 늘린다는 핑계로 이미 없어진 세금을 되살렸어요. 그런가 하면 몇몇 귀족과 부자 상인에게 특권을 주기도 했어요. 뿐만 아니라 사람들이 각자 자기 마음대로 종교를 갖지 못하게 하고, 억지로 국교를 믿으라고 명령했어요. 국교는 영국 헨리 8세가 만든 성공회였어요.

이 때문에 도시의 중소 상인을 비롯한 많은 국민들도

제임스 1세에 대한 불만이 컸어요.

그러던 차에 제임스 1세의 뒤를 이어 왕위에 오른 찰스 1세(58쪽) 역시 프랑스와의 전쟁 비용을 마련하기 위해 새로운 세금을 걷겠다며 의회에 승인해 달라고 했어요. 그러자 의회는 승인하지 못하겠다며 1628년, 권리 청원을 국왕에게 들이밀고 승인해 달라고 했어요.

"국왕은 의회의 동의 없이 헌금이나 세금을 억지로 거두면 안 됩니다. 또한 법에 어긋나게 국민을 체포해서도 안 됩니다. 군법 회의에서는 일반인을 재판하면 안 됩니다. 또한 평화로운 때에 병사들이 함부로 백성의 집에서 지내서는 안 됩니다."

권리 청원은 사실상 국왕이 권력을 마음대로 휘두르지 못하게 정해 놓는 것이었어요. 찰스 1세는 이 내용을 어쩔 수 없이 승인해야 했어요.

하지만 화가 난 찰스 1세는 이듬해 의회를 강제로 해산시켜 버렸어요. 그리고 무려 11년이나 의회를 열지 않았지요. 나아가 의회의 상당수를 차지하고 있던 청교도들을 더욱 못살게 굴고, 의회의 승인이 없이 세금을 거두어들였어요.

젠트리

헨리 8세가 종교 개혁을 실시할 때 땅을 비롯한 교회의 재산을 빼앗았어. 그 땅을 조금씩 얻은 새 지주들을 말해.

왕 마음대로 하면 안 됩니다.

의회를 무시한 찰스 1세
제임스 1세의 둘째 아들로
5세에 영국 왕위에 올랐다.
프랑스 앙리 4세의 딸과
결혼했다. 세금을 지나치게
걷고 국교를 강요하면서
의회와 부딪쳤다.

— 반 다이크
〈찰스 1세와 승마 교관〉

이때, 수많은 청교도들이 신앙의 자유를 찾아 북아메리카로 떠났어요. 하지만 찰스 1세는 이에 아랑곳하지 않고 스코틀랜드까지 영국 국교회를 믿으라고 억지로 시켰어요. 이에 장로교를 믿고 있던 스코틀랜드 사람들은 반대로 '장로교에 충성을 바치겠다!'고 선언을 하고 영국 국교회를 강하게 거부했어요. 사실상 반란을 일으킨 셈이었지요.

그러자 찰스 1세는 전쟁을 하겠다며 필요한 돈을 모으기 위해 의회를 열었어요. 물론 의회는 왕의 요청을 단번에 거절했지요. 도리어 찰스 1세가 나라를 잘못 다스렸다고 날카롭게 비판했어요. 화가 난 찰스 1세는 의회를 흩어 버렸지요. 하지만 스코틀랜드와의 전투에서 지자 또다시 의회가 모였어요. 이때 의회는 찰스 1세가 부당하게 세금을 걷거나 국교를 강요하지 못하게 했어요. 또한 국왕의 지시 없이도 의회가 열리도록 했지요.

이런 의회의 행동에 찰스 1세는 군대를 시켜 의회 지도자를 체포하려 했어요. 하지만 의회도 재빨리 군대를 모아 국왕에 맞섰지요. 내란이 시작된 거예요. 바로 청교도 혁명이지요. 혁명에 앞장선 사람 대부분이 청교도였기 때문이에요.

의회 사람들은 의회의 입장을 지지하는 세력과 그에 반대하는 세력으로 갈라졌어요. 왕실이 준 혜택을 누리던 봉건 귀족과 도시 대상인, 높은 성직자 등이 왕당파를 이루었고, 진보적인 생각을 가진 귀족과 도시의 중소 상인들이 의회파를 이루었어요. 처음에는 국왕이 지지하는 왕당파가 우세한 듯했지만, 시간이 지날수록 의회파의 힘이 세졌어요. 특히 올리버 크롬웰(62쪽)은 신

장로교

칼뱅의 신학과 신앙을 따르는 개신교파야.

내란

나라 안에서 정권을 잡기 위해 싸우는 싸움을 말해.

국회 의사당으로 사용하는
웨스트민스터 궁전
11세기부터 16세기 헨리 8세
때까지 궁전으로 사용되었다.
이후 주로 의원들이 의논하는
의사당으로 사용되었다.
19세기 화재로 다시 세워졌다.

 기병대
- - - - - - - - - - - - - - - - -
말을 타고 싸우는 병사들의
부대야.

양심이 철저한 기병대를 조직하여 싸우러 나섰는데, 이들을 철기군이라 불렀어요. 이들은 기세등등하게 싸움에 이겼어요. 마침내 의회파가 승리를 거둔 거예요. 이때 찰스 1세는 스코틀랜드로 도망쳤지만, 스코틀랜드 사람들은 돈을 받고 찰스 1세를 의회파에 넘겼어요.

하지만 이것이 혁명의 끝은 아니었어요. 왕을 허수아비로 만들었지만, 더 큰 문제가 남아 있었어요.

"만약에 왕이 없다면, 영국은 어떤 정치 체제로 나라를 이끌어야 하지요?"

이즈음 의회를 장악한 의회파는 장로파와 독립파로

나뉘었어요. 장로파는 입헌 군주제를 주장했고, 독립파는 신앙의 자유를 얻고 공화제를 수립하려 했어요.

이러한 분열을 틈타 찰스 1세는 스코틀랜드로 탈출하여 장로파와 함께 독립파를 공격했지요. 하지만 이번에도 크롬웰이 찰스 1세를 체포했어요. 그리고 의회에 남아 있던 장로파를 내쫓았어요. 1649년, 영국에는 공화제가 세워졌지요. 찰스 1세는 특별 재판에 넘겨진 뒤 반역죄로 처형당하고 말았고요. 청교도 혁명은 이렇게 마무리되었답니다.

조용한 변화, 명예혁명

공화제가 세워지면서 의회가 주요한 권리를 갖게 되었어요. 사람들은 의회에 거는 기대가 컸어요. 무엇보다 국민들 편에서 법을 바꿔 주기를 바랐지요. 하지만 의원들은 무엇을 어떻게 바꾸어야 할지 얘기만 하면서 4년이 지나도록 아무런 일도 하지 않았어요.

보다 못한 크롬웰은 군대를 이끌고 의회로 쳐들어갔어요.

"당신들은 아무 일도 하지 않으면서 이 자리에 있을

입헌 군주제

왕이 법이 정한 범위 내에만 나라를 다스리는 제도야.

공화제

국민이 뽑은 사람이나 단체가 대표로 나랏일을 이끄는 정치 제도야.

**혁명에 앞장선
올리버 크롬웰**
1599년 영국 젠트리 집안에서
태어났다. 독실한 청교도로
청교도 혁명에서 의회파에
힘을 더해 이기게 했다.

😀 **호국경**
- - - - - - - - - - - - - - - - -
1653년부터 1659년까지 왕
을 대신한 영국의 최고 행정
관이었어. 세습이 아닌 선거
로 후계자를 뽑기로 했지.

필요가 없소. 모두 집에 돌아가시오."

크롬웰은 의회를 해산하고 자신에게 충성을 약속한 139명의 사람들로 다시 의회를 꾸렸어요. 그리고 이들은 6개월 만에 의회의 모든 권한을 크롬웰에게 넘긴다는 내용의 법(통치 헌장)을 통과시켰지요. 이어 크롬웰은 호국경이 되었어요. 호국경은 '영국의 수호자'라는 뜻이었어요. 크롬웰은 실제 권력을 갖게 되었어요. 국왕이나 다름이 없었지요. 진짜 국왕의 대관식과 비슷한 취임식을 열었고, 실제로 가까운 부하들이 크롬웰을 폐하라고 불렀으니까요.

크롬웰은 가톨릭의 분위기를 풍기는 모든 교회 건물들을 부수도록 명령했어요. 그 때문에 많은 교회와 성인들의 조각상, 장식물이 무너졌어요.

그리고 모든 극장과 술집 문을 닫고 도박을 금지했어요. 국민들에게 엄격하게 청교도를 따르며 살라고 강요했지요. 돈을 함부로 쓰지 말고 오락을 멀리하도록 충고했어요.

"카드놀이를 하는 것은 신앙심이 없기 때문이오. 법으로 금지하겠소. 또한 영국의 모든 극장들도 문을 닫으시오. 노래는 오직 찬송가만 불러야 하오!"

하지 말라는 게 너무 많아서 국민들의 불만은 날이 갈수록 커졌어요.

"우리 국민 모두를 성자로 만들 참인가? 차라리 국왕이 돌아오는 게 낫겠어."

국민의 말처럼, 크롬웰이 죽고 그의 아들이 호국경의 자리를 이어받자마자 기다렸다는 듯 국왕 지지자들이 찰스 1세의 아들 찰스 2세를 왕으로 세웠어요. 다시 왕정이 시작된 것이지요.

"나는 혁명을 일으킨 사람들에게 복수하지 않을 것입니다. 또한 신앙의 자유를 주고 의회를 존중하겠습니다."

이렇게 약속하며 국왕이 된 찰스 2세는 극장 문을 다시 열고 음악회도 열었어요.

그러나 찰스 2세는 왕위에 오르자마자 구교를 부활시키려 했어요. 깜짝 놀란 의회는 이를 즉시 막았을 뿐만 아니라, 국교회가 아닌 다른 신앙을 가진 사람이 관리가 될 수 없도록 하는 법안을 내서 통과시켰어요. 또한 국왕이 함부로 사람들을 체포하거나

구교를 부활시키려 한 찰스 2세
찰스 1세의 아들로 청교도 혁명 때 프랑스로 몸을 피했다. 크롬웰이 죽은 후 영국 왕이 되었으나 가톨릭교를 되살리려 하여 의회의 반발을 샀다.

인신 보호령

1679년 의회가 정한 법으로 국민에게는 재판을 요구할 권리가 있다는 내용이야.

명예혁명의 계기를 만든 제임스 2세
찰스 2세의 동생이었다. 왕의 권력을 지나치게 휘둘러 명예혁명이 일어나게 했다.

해를 가하지 못하도록 인신 보호령을 정하기도 했지요.

아울러 의회는 찰스 2세에 뒤이어 왕위에 오를 제임스 2세가 가톨릭교도임을 알고 제임스 2세가 왕이 되지 못하게 하는 법을 밀어붙였어요.

이때, 이 법안에 찬성하는 쪽과 반대하는 쪽이 나뉘어져 격렬하게 토론을 벌였어요. 왕에게 돈을 받거나 왕을 지지하는 사람들을 토리당, 왕의 전제 정치를 물리치며 프랑스와 가톨릭 세력이 커지는 걸 막고자 하는 사람들을 휘그당이라 불렀지요.

결국 토리당 사람들의 뜻대로 제임스 2세가 왕위에 올랐어요. 하지만 제임스 2세는 왕이 되자마자 군대를 만들어 자신이 왕이 되는 걸 반대한 사람들을 힘으로 누르고, 구교도를 관리로 임명했어요. 심지어 이에 반대하는 국교회 주교 일곱 명을, 법을 어기면서까지 체포하기도 했지요.

이런 국왕의 행동에 놀란 토리당은 휘그당 사람들과 손을 잡고 제임스 2세를 쫓아내기로 마음먹었어요.

"신교도인 왕의 딸 메리와 메리의 남편이자 네덜란드 총독인 윌리엄 3세를 공동 왕으로 모십시다!"

결국 의회는 피 한 방울 흘리지 않고 혁명에 성공하였지요. 그 때문에 이 사건을 명예혁명이라 불러요.

메리와 윌리엄 3세는 왕위에 오르는 즉위식에서 의회가 낸 권리 선언을 승인했어요.

"국왕은 의회가 법을 만들고 정하는 일(입법권)에 찬성하며, 의회의 승인 없이는 함부로 세금을 거두지 않겠소. 의회에서 자유롭게 의견을 말해도 좋소. 또한 법률은 누구에게나 똑같이 적용되오."

이 내용은 그해 말 권리 장전으로 법률화되었어요. 절대 왕정이 끝나고 입헌 정치가 시작된 것이에요.

뒤이어 의회는 군대를 이끌 권리를 의회가 가지도록 했고, 신교도가 예배를 자유롭게 드리도록 했어요. 또한 3년마다 의회를 소집했지요.

이후 영국에는 왕이 계속 있었지만 의회의 권한은 더욱 강해졌어요. 마침내 의회 의석이 많은 다수당이 정치를 이끌어 나가는 내각 책임제가 자리를 잡았어요. 이즈음부터 영국에서는 이런 말이 떠돌았어요.

"국왕은 군림하지만 통치하지는 않는다!"

권리 장전을 승인한 윌리엄 3세
찰스 1세의 외손자이다. 왕이 된 후 정치는 의회에 맡기고, 유럽에서 루이 14세의 세력을 막는 데 힘을 쏟았다.

내각 책임제
의회 다수당이 최고 정책 결정 기관인 내각의 구성원을 뽑는 제도를 말해.

달라져 가는 영국의 경제

👤 **무역권**
- - - - - - - - - - - - - - - - -
어떤 지역이나 나라와 무역
을 할 수 있는 권리를 말해.

영국은 에스파냐의 무적함대를 무찌른 이후 바라던 대로 바다 위의 무역권을 차지했어요. 식민지 개척에도 활발히 뛰어들어 세계 곳곳의 수많은 식민지를 손에 넣을 수 있었지요. 식민지는 영국의 새로운 시장이 되었고, 원료도 공급해 주었어요.

식민지에서 들여온 원료로 만든 상품들은 때마침 인구가 갑자기 늘어나는 바람에 날개 돋친 듯 팔려 나갔어요.

영국에는 점점 더 돈이 많아졌어요.

여기에 정치 개혁을 거쳐 내각 책임제가 자리 잡으면서 나라 안은 매우 안정되었지요.

인구가 늘어나자 사람들이 먹을 식량이 많이 필요해졌어요. 곡물 값이 올랐지요. 그러자 땅을 가진 사람들이 자기 땅에 농사를 짓기 위해 울타리를 둘렀어요. 그

바람에 공동 경작지가 줄어들었고 그곳에서 농사를 짓던 농민들은 일자리를 잃게 되었어요.

더 이상 농사로는 먹고살 수 없어 농민들은 도시로 빠져나왔어요.

그런데 농민이 이렇게 도시로 빠져나온 건 이게 처음이 아니었어요. 16세기경에는 모직물 값이 오르자 땅주인들이 자기 땅을 모두 목장으로 만들며 울타리를 둘렀어요. 이때도 농민들은 일자리를 잃고 도시로 빠져나왔답니다.

공동 경작지
여러 사람이 함께 소유하고 농사지을 수 있는 땅을 말해.

쫓겨나다시피 도시로 나온 농민들은 공장에서 적은 임금을 받으며 일을 했어요. 영국에서는 절대 왕정을 거치며 다른 나라들보다 일찍 공업이 발달했거든요. 최초의 공장은 돈이 많은 사람이 수공업 노동자들을 고용하여 함께 일해서 물건을 만들게 했어요. 이런 방식을 공장제 수공업이라 하지요.

영국에서는 이전부터 모직물 공업이 발달했어요. 하지만 인도에서 질 좋은 면화가 엄청나게 들어오면서 값이 비싼 모직물 대신 면직물을 사려는 사람들이 갑자기 늘었어요. 하지만 영국의 면직물 공업이 경쟁력을 갖추기 위해서는 많은 노력이 필요했어요.

"좀 더 좋은 기계를 만듭시다. 생산비를 좀 더 줄일 수 있는 기계 말이에요."

"맞아요. 기계로 지금보다 면직물을 빠르게, 많이 만들 수 있다면 만드는 비용이 줄어드니 면직물을 싸게 팔 수 있잖아요. 그러면 사람들이 우리 면직물을 살 거예요."

영국 사람들은 좀 더 효율적인 기계를 개발하기 위해 몰두했어요.

공장제 수공업

돈 많은 자본가가 수공업 노동자를 한곳에 모아 일을 나눠 하기도, 협력하기도 하며 물건을 만들게 한 산업 형태란다.

농업에서 공업으로, 산업 혁명

드디어 1733년 존 케이가 '나는 베틀 북(플라잉 셔틀)'이라 불리는 기계를 개발했어요. 천을 짜는 베틀의 중요한 부품인 '북'이 자동화되면서 면직물이 많이 만들어질 수 있는 기반이 마련된 거예요.

이어 실을 좀 더 빨리, 잘 뽑을 수 있는 방적기들이 개발됐어요. 하그리브스가 제니 방적기를 발명했고, 아크라이트는 수력 방적기를 내놓았어요. 또한 크롬프턴은 두 기계의 단점을 보완한 뮬 방적기를 개발했어요. 그리고 마침내 1784년 카트라이트가 물을 끓여 나오는 증기의 힘으로 옷감을 짜는 방직기를 발명하여 면직물 공업은 엄청 빠르게 발전했어요.

기계화된 면직물 공업은 다른 산업도 발전시켰어요. 천을 짜는 방직 기계에 필요한 원료를 확보하기 위해 석탄 공업과 제철 공업도 더불어 발전했지요. 영국에는 철과 석탄 같은 지하자원이 아주 풍부했어요. 석탄은 공업 원료뿐 아니라 난방 연료로도 쓰였기 때문에 석탄 공업은 더욱 활발하게 발전했지요.

이뿐 아니에요. 원료와 상품을 운반하는 교통 기관도 빠르게 발달했어요.

**존 케이가 발명한
'나는 베틀 북'**
북은 베틀에서 날실 사이를
오가며 씨실을 푸는 도구이다.
예전에는 손으로 넣었지만
'나는 베틀 북'은 베틀 좌우에
달아 끈만 잡아당기면 북이
오가며 씨실이 풀렸다.

증기선

연료로 물을 끓여 증발시킨 기체인 증기의 힘으로 움직이는 배야.

증기 기관차

증기의 힘으로 움직이는 철도 차량이야.

　1807년 미국의 풀턴이 개발한 증기선이 허드슨강의 항해에 성공했고, 그 덕분에 1840년에 증기선이 영국과 미국을 정기적으로 다닐 수 있게 되었어요. 그런가 하면 땅 위에서는 1830년 스티븐슨이 증기 기관차를 실제로 탈 수 있게 만들어 영국은 물론 유럽 각국에서 너도나도 철도를 만들었지요. 이렇게 교통수단이 발달하자 공업은 더욱 빠르게 발전했답니다.

한편에서는 통신 수단도 발달하여 1844년에는 모스가 전신을 발명했고, 1876년에는 미국의 벨이 전화기를 만들어 특허를 얻었어요.

이렇게 기계가 발달하고 물건이 대량으로 만들어지면서 사람들은 예전에는 상상할 수 없이 달라진 삶을 살게 되었어요. 농사를 지으며 자급자족하던 생활에서 공장에서 만든 물건을 주로 사서 쓰는 생활로 달라졌지요. 이러한 변화를 산업 혁명이라고 불러요.

이런 식으로 영국에서 시작된 산업 혁명은 유럽 여러 나라는 물론 전 세계로 퍼져 나가게 되었어요. 산업 혁명은 전 세계를 농업 중심의 사회에서 산업 중심의 세계로 바꾸어 놓았어요.

전신

멀리 떨어진 곳에서 전기 신호로 정보를 주고받는 통신을 말해.

자급자족

필요한 물건이나 먹을거리를 스스로 만들거나 재배하는 것을 말해.

하지만 산업 혁명 때문에 생긴 어두운 면도 많이 있었어요.

🤔 이윤

장사를 하여 남는 돈이야.

돈이 많은 자본가들은 좀 더 많은 이윤을 남기기 위해 노동자들에게 적은 돈을 주고 너무 심하게 일을 시키기도 했어요. 노동자들은 일은 많이 하면서도 항상 가난한 생활에서 벗어나지 못했지요.

산업 혁명기 유럽의 공장
증기 기관차를 만들던 유럽 공장이다. 18세기경 영국에서 시작된 산업 혁명은 점차 프랑스, 독일 같은 유럽은 물론 미국, 러시아 같은 나라까지 퍼져 나갔다.

자본가들은 힘이 약한 여성은 물론 어린이 노동자까지 데려다가 일을 시켰어요. 때로는 아이들에게 채찍질을 마다하지 않았지요. 실제로 이즈음 어린이 노동자의 평균 수명이 20세를 넘지 않았어요.

공장의 환경도 아주 나빴어요. 사람의 몸에 해로운 화학 약품을 다루는 공장에서조차 사고가 일어나면 어떻게 할지 준비가 되어 있지 않았어요. 사고가 자주 일어나서 죽는 사람도 있었고, 부상을 입었을 경우 아무런 보상도 받지 못하고 쫓겨나기 일쑤였어요.

1860년대 유럽의 산업화

덴마크
영국
독일
러시아
벨기에
프랑스
스위스
오스트리아
대서양
에스파냐

산업화 정도 약 70%
산업화 정도 약 20%

문제는 공장에만 있는 것이 아니었어요. 도시에 인구가 늘어나면서 집은 물론 화장실과 같은 공공시설이 턱없이 부족해졌어요. 도로는 좁고 복잡해졌고요. 상하수도 시설도 제대로 갖추어져 있지 않아 환경이 매우 더러웠지요. 그런 탓에 전염병이 돌아 수많은 사람들이 죽기도 했어요. 범죄도 늘어났어요.

그렇지만 정부는 선뜻 나서서 안전이나 위생 문제를 해결하려 하지 않았어요.

이런 모든 현상을 보고 어떤 사람들은 기계 탓이라 생각하고 기계 파괴 운동을 벌이기도 했어요. 또 한편에서는 노동자들을 보호하기 위해 노동조합을 만들기도 했지요. 평등한 사회를 세우려는 사회주의 운동도 일어났답니다.

👩 기계 파괴 운동
19세기 초에 영국 공장 노동자들이 경제와 생활이 어려워지자 일으킨 운동이야.

계몽주의, 불합리를 거부하다

👤 **사회 계약설**

나라가 어떻게 생겨났는지에
대한 이론이야.

절대 왕정 시대에는 왕권을 신이 주었다는 왕권신수설이 유행했어요. 하지만 영국에서는 일찌감치 사회 계약설이 등장했어요.

"그냥 두면 인간은 서로 싸우게 되어 있다. 죽을까 봐 늘 두려워해야 하는 위험한 상황이다. 인간은 이를 피하기 위해 계약을 맺고 국가를 만들었다. 따라서 국왕에게 모든 권리를 넘겨주어야 한다."

토머스 홉스
영국, 1588~1679년

존 로크
영국, 1632~1704년

루소
프랑스, 1712~1778년

토머스 홉스는 자신이 쓴 책《리바이어던》에 이런 말
을 남겼어요. 왕의 권한은 인정하지만 인간이 모두 평
등하다는 점을 앞세웠지요.

홉스의 생각을 좀 더 발전시킨 사람은 존 로크였어
요. 존 로크는《시민정부론》이라는 책에서 인간은 모두
자유롭고 평등했다면서, 만약 왕이 계약을 올바로 지키
지 않으면 그 계약을 깨도 된다고 했어요. 이러한 주장
은 명예혁명이 일어나는 데 영향을 끼쳤어요. 뿐만 아
니라 훗날 프랑스의 계몽사상에 큰 영향을 주었어요.

계몽사상 (계몽주의)

인간의 이성으로 무지, 잘못
된 믿음, 이성에 어긋나는 불
합리한 제도와 관습을 과감
하게 바꾸자는 사상이야.

정부의 권력을
분산시켜야 한다.

이성을 따르지 않는
믿음을 버려라!

몽테스키외
프랑스, 1689~1755년

볼테르
프랑스, 1694~1778년

**몽테스키외의
《법의 정신》(좌)**
1748년 2권짜리로 출간되었다.
법은 풍속, 종교, 국민의
성격과 관련이 있으며 정부의
권한인 입법, 행정, 사법권을
분산시켜야 한다고 주장했다.

**디드로와 달랑베르의
《백과전서》(우)**
18세기에 20여 년에
걸쳐서 출간된 28권짜리
백과사전이다. 계몽사상을
지닌 전문가가 수학, 과학,
의학, 법률 등에 대해 썼다.
디드로와 달랑베르가
이를 편집했다.

계몽사상은 인간의 이성이야 말로 정말 중요한 것이라며 이치에 맞지 않는 제도와 관습을 비판했어요.

프랑스의 계몽사상가 몽테스키외는 《법의 정신》에 이런 말을 남겼어요.

"민족마다 정치 제도와 법률은 다르지만 영국처럼 입법과 사법, 행정을 나누어야 한다. 정부의 권력을 분리시켜 서로 일을 잘할 수 있도록 균형을 잡아야 한다."

또한 볼테르는 대대로 내려오는 나쁜 풍습과 잘못된 믿음, 사회의 불합리를 비판했어요.

"이성을 따르지 않는 믿음을 버려라!"

이렇게 외치기도 했지요. 나아가 가톨릭교회가 본래의 믿음을 벗어나 제 욕심만 채우는 걸 공격하기도 했어요.

그러나 그 누구보다 계몽사상을 크게 발전시킨 사람은 루소였어요.

"자연으로 돌아가라!"

루소가 이런 주장을 펼친 이유는 원래 사람은 나면서

부터 평등하고 자유로운 존재인데, 사람들이 만든 법률이나 제도가 사람들이 사는 사회의 불행을 만든다고 생각했기 때문이에요.

아울러 《인간 불평등의 기원》이라는 책에서는 불평등이 생기는 것은 개인 재산 제도 때문이라고 말했지요. 그러면서 부자와 가난한 사람의 차이를 최대한 줄여야 한다고 주장했어요.

볼테르 책 낭독회
몽테스키외, 루소, 디드로 등 프랑스의 계몽사상가들은 살롱에 모여 책을 읽거나 토론을 하기도 했다.

― 르모니에 〈지오프랭 부인의 살롱에서 볼테르의 비극 '중국의 고아' 낭독회〉

그런가 하면 《사회계약론》에서는 '주권은 항상 국민에게 있고, 국가는 이를 집행하는 역할을 할 뿐이다.'라는 말을 남기기도 했어요.

백과전서파라 불리던 디드로와 달랑베르는 《백과전서》를 펴냈어요. 단순한 백과사전이 아니라 계몽사상

백과전서파
《백과전서》를 쓴 계몽사상가 모두를 일컫는 말이야.

을 체계적으로 모아 놓은 것이었지요. 여기에 불합리한 그 시대에 대한 비판을 함께 담았어요.

이러한 와중에 중상주의 정책을 비판하고 토지와 농업을 더 중시해야 한다는 '중농주의' 사상이 생겨나기도 했어요. 나라가 상업을 지나치게 보호하면 경제 활동을 자유롭게 하지 못해 산업이 잘 발전하지 못할 수도 있다는 얘기였어요. 오히려 돈이 생기는 근원은 보석이나 화폐가 아닌 토지와 농업이라는 주장이었지요.

그러므로 한 나라의 경제 활동에 대해 정부가 못하게 막거나 이래라 저래라 하지 말고 자연스럽게 놓아두어야 한다는 자유방임 정책이 힘을 얻었지요. 그리고 이러한 생각은 영국으로 전해져 애덤 스미스에 의해 체계적으로 정리되었어요.

 애덤 스미스

1723년 스코틀랜드의 법률가 집에서 태어났어. 《국부론》이란 책에서 나라가 부유해지기 위해서는 경제 활동을 자유롭게 하도록 놔둬야 한다고 말했어.

영국에서 산업 혁명이 먼저 일어난 이유

영국은 산업이 빠르게 발전하는 데 꼭 필요한 세 가지의 필수 요소인 많은 자본, 나라 안과 밖의 넓은 소비 시장, 그리고 풍부한 노동력을 충분히 갖추고 있었어요. 그 때문에 영국에서 가장 먼저 산업 혁명이 시작되었지요.

게다가 영국에는 공장이 가동되는 데 꼭 필요한 철과 석탄 같은 자원이 아주 풍부했고, 두 차례의 혁명을 통해 정치가 안정을 찾아가고 있었어요.

이러한 조건은 자본을 가진 사람들이 좀 더 적극적으로 투자하는 데 아주 좋은 밑바탕이 되었어요. 과학도 크게 발달하여 산업의 발달을 도왔지요.

"한 사람이 자유롭게 경제 활동을 할 수 있도록 정부는 간섭을 줄여야 한다. 정부는 사회 질서를 유지하고 국민을 보호하며, 계약을 지키는 기본적 임무에만 충실해야 한다."

이러한 스미스의 주장은 훗날 자유주의에 대한 생각이 만들어지는 데도 크게 기여를 했어요.

자유주의
한 사람의 자유를 보장해야 한다는 생각이야.

산업 혁명 직후
아이들의 생활은 이전에 비해
어떻게 달라졌을까?

산업 혁명을 이끈 기계

제니 방적기(하그리브스, 1764년)

실을 감는 방추가 8개였어요.
덕분에 작업 속도가 8배나 빨라졌다고 해요.
게다가 실을 일정한 굵기로 뽑아낼 수 있었지요.
모두 한 사람의 힘으로 작동되었답니다.

증기 기관(제임스 와트, 1769년)

물을 끓여서 발생하는 증기가 기계를
움직이게 하여 작동돼요. 이 증기 기관으로
공장에서는 힘들이지 않고 기계를 돌릴 수
있게 되었고, 빠른 시간에 많은 물건을
만들 수 있게 되었어요.

수력 방적기(아크라이트, 1769년)
바퀴 하나가 원통 모양의 롤러 4쌍을
작동시키는 동시에 실이 방추에 감겨요.
이 기계를 돌리는 데 수력을 이용해서
제니 방적기보다 생산성이 높았어요.

뮬 방적기(크롬프턴, 1779년)
'뮬'이란 말은 잡종을 가리키는 말이에요.
제니 방적기와 수력 방적기의 좋은 점을
합쳐서 만들었거든요. 실을 꼬면서 동시에
나무 관에 감아 더 가늘고 튼튼한 실을
뽑아낼 수 있었답니다.

3장 청나라의 탄생과 전성기

러시아

네르친스크●

청나라의 최대 영역

북경●

조선

일본

아프가니스탄

네팔

미얀마

대월

태평양

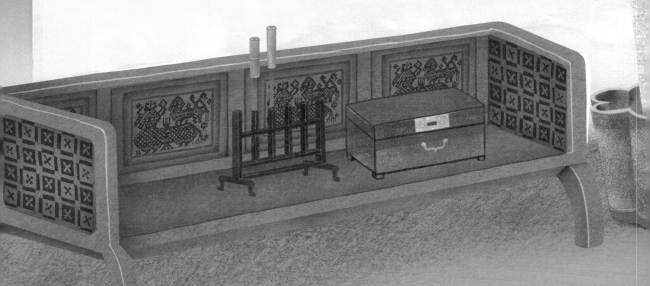

난 요즘 밤낮으로 책을 읽고 글짓기 연습을 해. 몰락한 우리 집안을 일으켜 세워야 하거든. 우리 집안은 청나라가 들어서면서 몰락하고 말았어. 한족인 데다, 아버지가 명나라 때 벼슬을 하셨기 때문이야. 그런데 요즘 좋은 소식이 들리더라. 청나라 황제께서 한족이라도 공부를 많이 한 사람은 관리로 부른대. 그래서 열심히 공부해 보려고 해. 지금은 열두 살이라 안 되지만, 열여섯 살이 되면 북경에 가서 시험을 볼 거야.

청나라의 건국

**후금을 세운
누르하치(천명제)**
여진족 부족을 이끌며
명나라를 위해 일하던 집안에
서 1559년 태어났다. 아버지와
할아버지가 명나라군에 죽자
이에 한을 품고 힘을 키워
명나라를 공격했다고 한다.

선전포고
한 나라가 다른 나라에게 전
쟁을 시작한다고 선언하는
일이야.

조선에서 임진왜란이 일어났을 때, 명나라
는 지원군과 함께 무기 같은 물자와 군사들
이 먹을 쌀을 보내 조선을 도왔어요. 일본의
도요토미 히데요시가 명나라까지 넘본다는
소식을 들었기 때문이지요. 조선에 지원병을
보내느라 다급해진 명나라 조정은 다른 데
신경 쓸 힘이 없었어요.

바로 이 틈을 타서 여진족의 누르하치가 부
족들을 하나로 합치더니 마침내 큰 세력으로
성장했어요.

누르하치는 이미 전부터 새 나라를 세우겠다는 큰 욕
심을 숨긴 채 명나라의 요동 지역 책임자인 이성량 밑
에서 요동을 중심으로 차근차근 세력을 넓히고 있던
터였지요. 누르하치는 드디어 기회가 왔다고 생각했어
요. 마침내 임진왜란이 끝나고 얼마 되지 않아 여진족
대부분을 통일하고 새 나라를 세웠어요(1616년). 바로
후금이었지요.

후금을 세운 누르하치는 이듬해 명나라에 선전 포고
를 한 뒤, 무순성을 공격하기로 했어요. 누르하치는 팔

기군을 앞에 세웠지요. 원래 팔기군은 사냥할 때 무리를 넷으로 나누어 짐승을 쫓던 사냥 조직이었어요. 누르하치는 이것을 더욱 발전시켜 군대 조직으로 만들었고, 나중에 인원이 많아지자 여덟 개로 늘렸던 거예요.

누르하치는 팔기군을 이끌고 무순성 앞으로 나아가 명나라 장수 이영방에게 항복하라고 권하는 글을 보냈어요. 그러자 이영방은 팔기군의 위세에 눌려 단숨에 항복하고 말았어요. 이에 놀란 명나라는 요동 쪽으로

무순성

오늘날 중국의 공업 도시 푸순이야.

후금의 군사, 팔기군
팔기군은 노란색, 빨간색, 남색, 흰색 깃발과 거기에 빨간색과 흰색 테두리를 두른 8개의 깃발로 나타냈다. 각 깃발에는 7,500명 정도의 군사가 있었다.

군사를 보내 막으려 했지만, 누르하치의 끈질기고 치밀한 전략, 그리고 팔기군의 활약으로 마침내 요동은 후금의 손에 떨어지고 말았어요.

이어 누르하치는 요하를 건너 요서로 향했어요. 그 너머에는 명나라의 도읍 북경이 있었어요. 이번에도 누르하치는 북경으로 가는 길목을 지키는 영원성 성주

요하

랴오허강이라고도 불러.

명나라의 뛰어난 장수 원숭환
1584년 광둥 성에서 태어났다. 군사에 관심이 많았으며 성격이 대담하고 군사 전략을 잘 짰다. 국경 지역인 산해관 북쪽에 영원성을 쌓자고 제안하기도 했다.

 포도아
- - - - - - - - - - - - - - - - - - - -
포르투갈을 말해.

원숭환에게 항복하라고 권하는 글을 보냈어요.

"나는 30만 대군을 이끌고 이 성을 함락하려 한다. 만약 항복하면 성주에게 높은 관직을 내리겠다."

하지만 충성심이 높았던 원숭환은 누르하치의 제안을 거절했어요. 원숭환은 성 밖에 있던 주민들을 모두 성 안으로 피하게 하고 후금 군대에 조금이라도 도움이 될 만한 것들을 모두 불태웠어요.

뿐만 아니라 원숭환은 신속하게 포도아에서 사들인 대포를 성 곳곳에 놔두었어요. 그리고 후금군이 공격하기 시작하자 대포를 쏘아 댔지요. 용맹을 떨치던 팔기군조차 대포 앞에서는 꼼짝 못했어요. 누르하치의 군대는 한 발자국도 더 나아가지 못했어요.

"아아! 내가 나라를 일으킨 후 전쟁에서 단 한 번도 지지 않았는데 영원성 앞에서 무릎을 꿇는구나. 이것이 하늘의 뜻이란 말인가?"

그리고 누르하치는 병을 얻어 세상을 떠났어요. 그 뒤를 이어 홍타이지가 왕위에 올랐지요. 바로 태종이었어요.

홍타이지는 왕이 된 다음 해, 조선에 쳐들어갔어요.

명나라와 오래도록 친하게 지내는 조선이 청나라에 위
협이 될지 모른다는 생각에서였지요. 홍타이지의 군대
는 연이어 두 번이나 조선을 공격하여 인조 임금으로
부터 항복을 받아 냈어요.

그런 다음 홍타이지는 아버지 누르하치가 정복하지
못한 영원성을 다시 공격하기로 마음먹었어요. 홍타이
지는 정면 승부로는 영원성을 공격하기 어렵다고 생각
했어요. 명나라 출신 중 무기를 잘 아는 인재들을 불러
영원성의 대포보다 더 강력한 대포를 만들라 일렀어요.

그리고 한편으로는 소문을 퍼트렸어요.

"영원성 성주 원숭환은 후금과 전쟁을 치르는
도중 후금과 몰래 연락하였다."

그러자 명나라 조정에서는 소문을 확인
하지도 않고 원숭환을 북경으로 불러
들여 감옥에 가두었어요. 대신 군사
경험이 없는 관리를 요동으로 보냈지
요. 그즈음 홍타이지가 만들라 지시
한 대포도 완성이 되었어요. 그리고
이 무렵, 홍타이지는 나라의 이름을
'청'으로 고쳤어요.

홍타이지는 직접 나서서 영원성을

**나라 이름을 청으로 바꾼
홍타이지(숭덕제)**
누르하치의 여덟 번째
아들이다. 청나라의 두 번째
황제로 숭덕제라고도 부른다.
명나라를 정복하려 애썼고,
명나라와 친한 조선을
두 번이나 침략했다.

공격했어요. 무능한 지휘관이 지키는 영원성은 팔기군과 새 대포의 공격으로 쉽사리 무너져 버렸어요.

청나라군은 곧바로 산해관으로 향했어요.

하지만 산해관에는 북경을 지키는 수비 대장 오삼계가 50만의 군사를 데리고 서 있었어요. 그런 데다가 홍타이지가 마침 숨을 거두는 바람에 청나라군은 쉽게 산해관을 공격하지 못했어요. 홍타이지를 이어 여덟 살의 어린 아들 푸린(순치제, 91쪽)이 황제가 되었지요.

오삼계

1612년 명나라 금주에서 장수의 아들로 태어났어. 장군이 되어 산해관을 지키다가 명나라 황제가 죽은 후 청나라에 항복했지.

그런데 이즈음 북경을 정복하러 달려오는 또 하나의 세력이 있었어요. 다름 아닌 이자성이 이끄는 반란군이었어요. 반란은 이전부터 여러 곳에서 일어나고 있었지만 이자성의 세력이 가장 강했어요.

이자성은 청보다 한발 앞서 북경으로 진격해 자금성에 들어갔어요. 그러자 수많은 지방의 수령들이 이자성에게 무릎을 꿇겠다는 뜻을 내비쳤어요. 이때, 오삼계는 좀 혼란스러웠어요.

'참으로 어렵구나. 반란을 일으킨 이자성의 무리를 공격해야 할지, 아니면 이자성을 새 황제로 인정하고 청나라군과 싸워야 하는 것인지…….'

그런데 이때 이자성의 군대가 고향에 머무르고 있던 오삼계의 아버지와 아내를 체포해 끌고 갔다는 소식이 들려왔어요.

그 소식에 오삼계는 화가 치밀어 올랐어요. 그래서 참지 못하고 청나라 쪽에 사신을 보냈어요.

"나는 청나라에 항복하려 합니다. 청나라를 도와 이자성의 반란군을 무찌르겠습니다."

그리고 오삼계는 마침 큰 군대를 이끌고 산해관(90쪽)으로 진격하던 예친왕(91쪽)을 반갑게 맞아들였어요. 이때 청나라군은 오삼계의 병사들에게 변발을 하도

이자성
- - - - - - - - - - - - - - - - - - - -
명나라 말기에 농가에서 태어났어. 군인 생활을 하다가 반란을 일으켰지. 병사들과 함께 검소하게 지냈어.

사신
- - - - - - - - - - - - - - - - - - - -
왕의 명령을 받아 나라의 대표로 외국에 가는 관리야.

변발
- - - - - - - - - - - - - - - - - - - -
앞머리와 옆머리를 깎아 내고, 한 가닥을 길게 뒤로 땋아 내리는 머리 형태야.

만리장성의 일부, 산해관
중국의 만리장성 동쪽
끝에 있는 관문이다.
중국 북쪽에서 이민족을
막는 데 아주 중요했다.

록 하고, 또한 흰 천을 두
르도록 했어요. 그런 뒤,
산해관 부근으로 달려온
이자성의 20만 군사와 싸
웠지요.

처음 며칠 동안 양쪽의
군사들이 팽팽하게 싸움을
벌였어요. 그러나 전세는
점차 오삼계와 예친왕의 연합군에게 유리해졌어요. 변
발을 한 병사들이 끊임없이 밀어닥치자 이자성 병사들
이 겁을 먹기 시작한 거예요.

마침내 이자성은 단숨에 자금성으로 도망쳤어요. 그
리고 서둘러 황제 즉위식을 올린 뒤, 자금성 안에 있는
엄청난 금을 녹여서 금괴로 만들어 도망쳤어요.

이자성이 북경을 떠난 바로 다음 날, 청나라의 예친
왕이 군대를 이끌고 자금성에 들어왔어요. 이때 예친왕
은 병사들에게 명을 내렸어요.

"무고한 사람을 죽이지 말라. 함부로 재물을 빼앗지
말라. 이를 어기는 자에게는 엄한 벌을 내릴 것이다!"

그리고 얼마 후, 어린 황제 푸린이 자금성에 도착했
어요. 명나라의 수도였던 북경을 점령하고 청나라의 도

읍으로 삼은 것이지요.

하지만 예친왕은 잠시도 머뭇거리지 않고 군사들에게 도망친 이자성 군대를 쫓아가도록 했어요. 결국 하남까지 도망친 이자성은 청군을 피해 다니다가 농민의 습격을 받고 죽음을 맞이했어요.

이후에도 명나라에 충성하던 신하들이 새 황제를 세우고 남명 정권을 수립하며 끝까지 맞섰어요. 하지만 오삼계의 추격에 끝내 그마저도 멸망하고 말았어요. 그런가 하면 대만에 거점을 두고 청 왕조에 끈질기게 저항하던 정성공도 결국에는 청나라에 백기를 들고 말았어요(1683년). 이제 사실상 청나라는 중국 대륙과 대만까지 정벌하여 중국 통일을 이룬 것이에요.

🧑 하남

허난이라고도 해. 황허강 중하류 지역에 있어.

나라를 안정시킨 순치제(좌)
1638년 홍타이지의 아홉 번째 아들로 태어났다. 명나라 제도를 이어받고 중국 한족을 관리로 뽑기도 하며 청나라 정치를 안정시켰다.

어린 순치제를 도운 예친왕(우)
홍타이지의 동생으로 자금성을 함락한 후 명나라 황제의 장례를 잘 치러 주어 후금이 명나라를 잇는 나라임을 백성에게 알렸다.

청나라를 안정시킨 강희제

훗날 청나라 최고의 황제로 꼽히는 강희제(95쪽)는 아버지 순치제가 그랬던 것처럼 여덟 살의 어린 나이에 황제가 되었어요. 그런 까닭에 주변의 신하들로부터 큰 위협을 받기도 했어요.

특히 대신 중의 한 사람인 오오바이는 어린 강희제를 무시하며 제멋대로 행동하기 일쑤였어요. 자신의 마음에 들지 않은 신하는 어떻게든 음모를 꾸며 처형시키고, 심지어 황제가 자신의 집에 병문안 오도록 떼를 쓰기도 했어요.

결국 강희제는 비밀리에 귀족의 아들들을 모아 친위대를 만들고, 그 자신도 무예를 익히는 등 준비를 마친 후에 오오바이를 체포하여 옥에 가두었어요. 그리고 그 가족과 친척들을 모조리 없앴지요. 그럼으로써 강희제는 사실상 조정의 권력을 완전히 손에 넣었어요.

하지만 그럼에도 고민이 해결된 것은

아니었어요. 남쪽 지방에서 반역을 일으키려는 기운이 싹트고 있었기 때문이지요.

청나라의 남쪽 지방에는 세 개의 번이 있었는데, 청왕조는 이곳을 다스리도록 세 명의 왕을 임명했어요. 운남과 귀주에는 오삼계를, 광동 지방에는 상가희를, 복건 지방에는 경중명을 보낸 거예요. 이들은 청나라 왕조의 명령을 따라, 명나라를 다시 세우려 하며 청에 맞서는 무리들을 찾아내고, 국경을 잘 지키는 일을 맡았어요. 이 세 지역을 통틀어 '삼번'이라고 불렀지요.

하지만 삼번의 왕은 청나라 조정에 고분고분하지 않았어요. 북경에서 먼 거리에 있었던 데다, 자기 세력이 꽤 강하다고 믿고 있었기 때문이에요. 특히 명나라를 배신했던 오삼계는 가장 세력이 컸는데, 지방의 백성들을 제멋대로 다루며 난폭했어요.

청나라 조정은 오삼계를 유심히 지켜보면서 오삼계를 없앨 때를 노리고 있었어요.

그러던 차에 마침내 오삼계가 먼저 반란을 일으켰어요. 1673년 겨울, 오삼계는 청나라의 의복을 벗어던지고 명나라 장군의 갑옷으로 바꾸어 입었어요. 그리고 명나라에 충성하겠다고 맹세를 했지요.

오삼계는 자신의 군대를 이끌고 순식간에 주변의 여

친위대

왕의 안전을 지키는 군대를 말해.

번

울타리라는 뜻이야.

이남

어떤 지점을 기준으로 그 남쪽을 말해.

러 고을을 점령했어요. 그러자 삼번의 나머지 두 세력도 반란에 가담했어요. 연합 부대는 마침내 양쯔강 이남의 대부분을 차지했어요. 그러자 오삼계는 자신만만해져서 군대를 둘로 나누어 청나라 군을 공격하기 시작했어요.

하지만 이것은 치명적인 실수였어요. 군대를 나누자 공격력이 떨어졌거든요. 초기에 승승장구하던 오삼계의 군대는 점차 불리해지기 시작했어요. 그러자 삼번의 다른 두 왕이 청나라에 항복해 버렸어요.

그럼에도 불구하고 오삼계는 자신감을 잃지 않았어요. 오히려 자신이 잘 싸워 이긴다면, 두 번왕이 다시 돌아오리라 믿었지요. 그러고는 스스로 황제 자리에 올랐어요.

"나라의 이름을 주로 할 것이다. 주는 인재를 모으고 백성들을 위로할 것이다."

하지만 오삼계의 계략은 크게 빛을 보지 못했어요. 백성들이 오삼계를 좋아하지 않았거든요. 오삼계가 청나라의 편에 서 있을 때, 백성들을 가혹하게 다스린 탓이었어요. 뿐만 아니라 즉위 후 고작 5개월 만에 세상을 떠났기 때문에 반란군은 흐지부지되고 말았어요. 물론 오삼계의 손자가 황제의 뒤를 이었지만, 그는 오래 버티지 못하고 청나라 군대에 포위되어 스스로 목숨을 끊고 말았어요.

그 후 청나라는 빠르게 안정을 찾아갔어요.

삼번의 난이 정리되자 강희제는 이번엔 북쪽으로 눈길을 돌렸어요. 명나라 말부터 자꾸 남쪽으로 내려오던 러시아 세력의 난폭한 짓이 너무 심했기 때문이에요.

"폐하, 러시아군이 알바진을 점령하고 청나라의 백성

세계 최고의 황제 강희제
1654년 순치제의 셋째 아들로 태어났다. 무려 61년 동안 왕위에 있으면서 열심히 배우고 무예를 익히며 나라를 잘 다스려 세계 최고의 황제로 손꼽힌다.

 삼번의 난

청나라에 맞선 최초의 한족 반란이야.

알바진

흑룡강 상류 지역이야.

을 함부로 죽이고 있다고 합니다."

이 소식에 강희제는 직접 말을 몰고 심양까지 올라가 진을 치고, 장수들에게 적극적으로 싸우라고 일렀어요. 이에 1685년 러시아군과 첫 전투가 벌어졌어요.

첫 싸움은 싱거웠어요. 청나라군 1만 5천이 알바진을 포위하자 러시아군 사령관 토르푸친이 즉시 항복을 해 왔지요. 그래서 청나라군은 포로로 잡은 러시아 병사들을 모두 돌려보내고 일단 물러났어요.

하지만 청나라군이 돌아서자 러시아군은 다시 군사 기지를 세우고 청나라에 대항하려 들었어요. 소식을 들은 청나라군은 되돌아와서 러시아군을 공격했지요. 이때, 러시아군 사령관이 죽고 생존자는 겨우 100여 명에 지나지 않았어요. 그러자 러시아는 깜짝 놀라 청나라에 사신을 보내왔어요.

"우리는 더 이상 싸움을 원하지 않습니다. 네르친스크에서 만나 국경선에 관한 문제를 얘기합시다."

이에 강희제는 신하를 러시아로 보내기로 했어요. 그런데 하필이면 이 무렵, 북쪽으로 물러났던 몽골의 기병들이 네르친스크로 가는 길목을 막아 버렸어요. 심지어 이들은 만리장성에서 450킬로미터 떨어진 지점까지 세력을 뻗쳐 청나라 조정을 불안하게 만들었어요.

하는 수 없이 강희제는 러시아와의 강화 조약(평화 조약)을 연기했다가 다시 추진하여 네르친스크 조약을 맺었어요. 그런 뒤에 몽골 기병대를 싹 쓸어버리기 위해서 직접 나섰어요.

몽골군은 울란바토르 동남쪽 전투에서 치명적인 패배를 당했고, 우두머리 가르단은 청나라군에 쫓기다가 스스로 목숨을 끊었어요. 그럼으로써 외몽골의 땅도 청나라의 영토가 되었지요.

이처럼 안으로는 삼번의 난을 가라앉히고 밖으로는 러시아와 몽골을 북으로 내쫓은 강희제는 막강한 군사력을 가지고 나라 땅을 넓히고 지키는 데 힘을 기울였어요. 더불어 나라를 잘 다스리려 애썼어요.

네르친스크 조약
- - - - - - - - - - - - - - - - - - - -
1689년 청나라와 러시아가 국경선을 정한 조약이야.

청나라를 돌아보는 강희제
강희제는 농업을 중시하였다. 그래서 자꾸 홍수가 나는 황허강을 여러 번 방문하여 홍수 방지 공사를 둘러보았다. 또한 지방을 둘러보며 백성이 잘 사는지 살피기도 했다.

한족

옛날부터 중국 본토에서 살아오던 민족이야.

'어떻게 하면 한족의 반발심을 사지 않으면서 나라를 잘 다스릴 수 있을까?'

강희제가 한 고민은 이전의 청나라 황제들이 한 고민이기도 했어요. 왜냐하면 정권을 잡은 여진족에 비해서 한족의 인구가 훨씬 많았기 때문이에요. 그래서 청나라 조정은 명나라의 정치 제도를 많이 받아들였어요. 또한 과거제를 실시해서 여진족 출신의 관리와 한족 출신의 관리를 함께 등용했어요. 물론 다른 한편으로는 청나라 백성 모두에게 변발을 하도록 시켜서 민족의 자존심을 지켰지요.

조세

나라에서 쓰기 위해 백성에게 거둬들이는 돈이야.

그런가 하면 조세 제도를 바꾸어 토지가 없는 농민들의 부담은 줄이고, 토지가 있는 부자들에게는 세금을 더 내도록 했어요. 그리고 강희제는 지방을 둘러볼 때나 러시아와 싸울 때에도 농민들에게 세금을 걷지 않고 나랏돈에서 비용을 꺼내 써서 농민들을 최대한 배려하기도 했어요.

이처럼 청나라는 때로는 강하게, 또 때로는 부드럽게 다스리는 정책을 써서 오랫동안 한족을 지배할 수 있었어요. 대부분의 정책들은 이미 순치제 때 기틀이 잡혔지만, 강희제의 오랜 통치 기간을 거치면서 더욱 굳건하게 자리 잡아 갔어요.

청나라의 번영과 퇴보

　강희제는 한족과 몽골 족의 덕망 있는 인재들을 구하고 싶었어요. 그래서 '박학홍사과'라는 관리 등용 시험을 실시했어요. 물론 몇몇 학자들은 시험에 응시해 관리가 되었지만, 이름 나고 사람들이 따르는 지식인 상당수는 시험에 응시조차 하지 않았어요.

"가마를 보내 강제로 태워 와서 시험을 보게 하라!"

　강희제의 명령에 신하들이 가마를 끌고 가서 학자들을 자금성으로 데려왔어요. 하지만, 시험장에 들어가지 않는 사람도 있었고, 시험장에는 들어갔으나 답안을 쓰

☞ 등용

인재를 뽑아 쓰는 일이야.

지 않는 사람, 혹은 답안 대신 명나라를 그리워하는 시를 짓는 사람도 있었어요.

그럼에도 불구하고 강희제는 끈질기게 지식인들을 데려오려 애썼어요. 훌륭한 학자를 데려다가 나라를 다스리는 데 도움을 얻으려는 목적도 있었고, 학문을 더욱 발달시켜야 한다는 생각도 가지고 있었기 때문이에요.

강희제는 학문에 남다른 관심을 기울였어요. 강희제 자신도 어릴 때부터 학자들에게 주자학을 배우기도 했고, 청나라에 들어와 있던 예수회 신부들

강희제 때 만든 《강희자전》
1716년 전부 42권으로 완성된 한자 사전이다.

🧑 **편찬**

여러 가지 자료를 모아 체계적으로 정리하여 책으로 내는 일을 말해.

을 통해 자연 과학과 수학을 배웠어요.

이러한 학문적 노력의 하나로 강희제는 전국의 학자들을 북경으로 올라오게 해서 대규모 편찬 사업을 벌였어요. 다름 아닌 《강희자전》을 쓰기로 한 것이었지요. 그리하여 5년이 넘도록 수십 명의 학자가 이 일에 매달렸어요. 그래서 고대 문자 1,995자를 포함해 모두 49,030자가 이 책에 수록되었어요.

그뿐만이 아니었어요. 주자학에 관심을 기울이던 강희제는 학자들에게 명령을 내려 그와 관련된 책《주자

전서》와《성리정의》라는 책도 만들었어요.

강희제의 손자 건륭제 역시 학문과 책에 대한 관심이 지극했어요.

"이 나라의 모든 위대한 책을 한데 모아야겠어."

그런 생각에 이른 건륭제는 신하들을 전국에 내려 보냈어요. 신하들은 각 지역을 샅샅이 돌아다니면서 지방의 학자들이나 부자들이 가지고 있는 책을 모아 왔어요. 건륭제는 직접 학자들과 토론을 하고 연구한 끝에 모든 책을 네 가지로 분류해서 그중 훌륭한 책들을 베껴 써서 보관하기로 결심했지요.

이 엄청난 일은 무려 10년이 걸렸어요. 모두 3,503종의 책을 담아 79,337권으로 완성했어요. 이 책의 이름은《사고전서》였어요. 하지만 이 책들은 모두 일곱 권씩 제작되었으므로 분량은 그보다 더 엄청나게 많았어요. 이때, 네 부는 매우 호화스럽게 만든 뒤, 궁궐에 보관했고, 나머지 세 부는 크기를 조금 작게 만들어 지방에 내려보내 학자들이 읽어 볼 수 있도록 했어요. 훗날 전쟁과 내란이 일어났을 때 그중 세 부가 불타서 사라졌답니다.

건륭제는 많은 책을 모아들이고 만들기도 했지만, 한편으로는 가장 많은 책을 불사른 황제이기도 해요.

성리정의

명나라 때 송나라 성리학자들의 글을 모아 펴냈던 《성리대전》의 중심 내용을 뽑아서 1715년에 낸 책이야.

건륭제

1711년 옹정제의 넷째 아들이자 강희제의 손자로 태어났어. 이때 청나라는 문화, 정치, 경제가 최고 전성기를 맞았지.

건륭제는 학자들을 전국에 내려보내면서 훌륭한 책을 찾아오라는 명령과 함께 이런 명을 내렸어요.

"혹시라도 우리 여진족을 비난하는 내용이 담긴 책이나, 청나라에 반대하는 내용이 들어 있는 책을 찾거든 무조건 불태우도록 하라!"

그 때문에 스물네 번에 걸친 엄격한 검열이 이루어졌고, 538종 13,860부의 책이 금서가 되고 말았어요. 금서가 된 책들은 대부분 불태워졌어요.

하지만 정치는 매우 안정되었어요. 오랫동안 평화가 유지되니 인구도 많이 늘어났어요. 더불어 산업이 발달하고 도시가 발전했지요.

청나라의 도자기와 차는 서양까지 알려졌어요. 도자기와 차를 구하려는 서양 배는 청나라를 찾아와 무역을 시도했지요. 이때 서양 사람들은 은으로 값을 지불했어요. 하지만 청나라는 자급자족이 가능했기 때문에 따로 유럽에서 수입할 것이 별로 없었어요. 그 덕분에 청나라에는 점차 수많은 은이

검열

어떤 행동이나 자료에 잘못이 있나 없나를 살펴보는 일이야.

정교한 청나라 도자기
청나라 때는 도자기가 아주 활발하게 만들어졌다. 무늬도 화려하고 정교했다.

102

쌓이기 시작했어요. 하지만 이러한 막대한 수입은 대부분 명나라 때처럼 높은 관리와 부자 상인, 땅 주인들이 차지했어요.

그 때문에 건륭제 후반기에는 자기가 가진 권력을 이용해 옳지 않은 방법으로 재산을 모으는 사람이 늘어났어요. 높은 관리는 낮은 관리들에게 뇌물을 받았고, 낮은 관리들은 상인들에게 뇌물을 받았지요.

"3년만 관직에 있으면 10만 냥은 거뜬하게 벌어들일 수 있지요."

관리들 사이에서는 이런 말이 오가곤 했어요. 특히 건륭제의 딸과 혼인한 화신은 대학사 등 중요한 자리를 두루 거치면서 황제보다 많은 재산을 모으기도 했어요. 심지어 왕실에 바치는 선물까지 빼돌려 자신의 집에 쌓는 등 부패가 극에 달했어요. 결국 화신은 건륭제의 아들인 가경제 때 처형되었지요.

관리들이 사치를 즐기고 부패할수록 농민들의 살림살이는 더욱 어려워졌어요. 왜냐하면 탐관오리들이 더욱 가혹하게 백성들로부터 세금을 거두어들였기 때문이에요. 이미 건륭제 후반기부터는 탐관오리들의 횡포에 견디지 못한 백성들이 술렁이기 시작했어요.

산동 지방(중국 동북부 지방)의 백성들은 요동 땅으로

뇌물

벼슬자리에 있는 사람에게 자신이 원하는 바를 해 달라며 주는 돈, 물건을 말해.

탐관오리

백성의 재물을 빼앗는 등 행동이 바르지 못한 관리야.

도망쳤고, 하북 지방(산동의 북부 지방)의 농민들은 만리장성을 넘어 고비 사막 쪽으로 터전을 옮기기도 했어요. 강남 지역의 농민들도 토지를 빼앗기고 떠돌며 살았어요.

마침내 건륭 39년(1774년), 각지에서 농민들이 크고 작은 반란을 일으켰어요. 특히 가경제가 즉위하던 해(1796년)에는 백련교의 반란이 일어나 중국 중부의 호북과 사천, 하남 등의 지방으로 빠르게 퍼져 나갔어요. 이때 조정은 2백억 냥의 군사비를 쏟아부어 반란을 가라앉혔지만, 반란이 완전히 수그러든 건 아니었어요.

청나라는 조금씩 쇠퇴의 조짐을 보이기 시작했어요.

백련교

중국 남송 때 일어난 종교로 불교에서 비롯되었어. 미륵을 믿지.

청나라의 문화

청나라 초기, 강희제가 수많은 명나라 학자들을 설득해 궁궐로 데려왔지요. 하지만 끝끝내 이를 거절하고 절개를 지킨 사람들이 있었어요. 왕부지와 황종희, 고염무가 유명했는데, 사람들은 이들을 '청초의 삼유'로 불렀어요.

왕부지는 철학에서 훌륭한 업적을 남겼는데, 특히 유

절개

자신의 믿음이나 생각을 굽히지 않는 정신을 말해.

물론을 잘 정리했어요. 황종희는 당시에는 보기 드물게 왕이 마음대로 나라를 다스리는 데에 반대하면서 '군주는 만인의 원수'라 부르기도 했어요.

"군주 한 사람만을 위한 법을 없애고, 모든 사람을 위한 법을 만들어야 합니다. 그리고 왕이 쓸 수 있는 힘을 법률로 일정하게 정해야 합니다."

이러한 황종희의 생각이 담긴 많은 책들이 훗날에도 남아 민주 사상에 큰 영향을 미치기도 했어요.

그런가 하면 고염무는 수많은 학자들이 칭찬하는 책벌레였어요.

고염무

명나라 유학의 한 갈래인 양명학에 실망하여 실제 생활을 위한 학문인 실학에 관심을 가졌어.

유물론

물질이 근본적인 것이며, 마음이나 정신은 그에 딸린 것이라고 보는 철학을 말해.

"고염무보다 책을 많이 읽은 사람은 없다!"

심지어 고염무는 여행을 다닐 때에도 두 마리의 말과 두 마리의 노새에 책을 잔뜩 싣고 다녔어요. 뿐만 아니라 읽은 책을 또 읽으면서 지식을 쌓았지요.

더구나 고염무는 여행으로 견문까지 넓혀서, 이를 바탕으로 수많은 책을 썼어요. 분야도 다양해서 역사와 철학은 물론이고 천문과 지리, 군사, 경제, 정치, 문자 등 여러 방면의 내용을 다루었어요.

그런데 고염무가 학문을 탐구하는 태도는 이전의 학자들과는 다른 데가 있었어요. 무엇보다 한 글자 한 글자에 담긴 뜻을 철저하게 밝히려 했으며, 이럴 때마다 고전을 두루 참고했지요. 이러한 학문의 태도를 고증학이라고 불렀는데, 고염무는 항상, "근거가 없는 것에 대해서는 함부로 말하지 말라!"고 가르쳤어요. 아울러 모든 학문은 꾸밈없고 수수하며, 실제의 생활에 도움이 되어야 한다는 주장도 잊지 않았어요. 물론 그를 따르려는 사람들도 많았지요. 하지만 아무도 고염무의 학문의 깊이를 따르지는 못했어요.

청나라 조정은 이런 학자가 필요했어요. 그래서 고염무를 불러 벼슬을 주려 했지요. 하지만 고염무는 단칼에 거절했어요.

고증학

경전을 해석할 때 옛 문헌에서 근거를 꼭 찾아야 한다는 학문이야.

"나에게는 칼과 밧줄이 있소. 내가 죽도록 죽음을 재촉하지 마시오! 나의 어머니는 명나라가 망했을 때, 보름을 굶은 뒤 세상을 떠나셨소. 그런데 어찌 내가 청나라의 학자가 될 수 있겠소!"

이처럼 세 학자는 청나라에 끝까지 무릎 꿇지 않았지만, 그들의 학문과 생각은 청나라 학자들에게 많은 영향을 미쳤답니다.

그런가 하면, 이 무렵 서민 문학이 유행했어요. 포송령이 쓴 《요재지이》 같은 이야기가 많은 사람들에게 읽혔어요. 이 책에는 유령이나 도깨비, 혹은 이상한 인간이 나오는 기이한 이야기가 주로 실려 있었지요. 그 외에도 학자의 부패를 재치 있게 파헤친 오경재의 《유림외사》, 명나라 말기 선비와 미녀의 사랑 이야기가 담겨 있는 《도화선전기》도 많은 사람들이 좋아했어요.

청나라 초기에 우수한 인재가 많이 나온 분야는 미술이었어요. 특히 경제 중심지였던 양주에는 그림을 모으는 부자들이 많았는데, 화가들은 이들에게 그림을 보여 주면서 그림을 팔았어요. 또 새로운 그림을 발전시켜 나갔어요.

그런가 하면 명나라 말기 이후로 서양 사람들

포송령

1640년 중국에서 태어났어. 똑똑했지만 과거 시험에는 자꾸 떨어져 훈장을 하며 먹고살았지.

청나라의 화가가 된 카스틸리오네
1715년에 청나라에 온 선교사로 중국과 서양의 그림 기법을 잘 조화시켜 그림을 그렸다. 죽을 때까지 베이징에서 지내며 중국 학생에게 그림을 가르쳤다.
– 카스틸리오네 〈꽃병〉

이 드나들면서 서양화의 그림 기법이 그림에 응용되기도 했어요. 낭세령이라고 불리던 이탈리아 사람 카스틸리오네(107쪽)가 바로 그런 그림을 그렸지요. 카스틸리오네는 1715년에 북경에 들어온 이래로 인물화와 동물화를 많이 그려서 인기를 끌었어요.

　서양 사람들이 오가면서 영향을 주었던 것은 미술뿐만이 아니었어요. 명나라 말엽, 중국 땅을 밟은 아담 샬은 천문학을 잘 알아서 《숭정역서》를 숭정제에게 만들어 바쳤어요. 훗날 이것을 다시 100권으로 만들어 《서양신법역서》라는 이름으로 펴내기도 했는데 여기에는 서양의 천문학이 모두 담겨 있었지요. 그 공을 인정해 강희제는 아담 샬을 천문대장에 임명하기도 했어요.

아담 샬

1591년 독일 귀족 가문에서 태어났어. 1611년 스무 살에 예수회에 들어가 1619년 중국에 도착했지. 여러 서양 문물을 청에 전했어.

세계 최고의 왕, 강희제

중국 한족에게 오랑캐 취급을 받으며 자기 민족의 고향이 아닌 다른 민족의 근거지에 나라를 세운 청나라. 하지만 청나라는 무려 280년이나 다른 민족을 다스리며 번창했어요. 청나라의 통치 체계가 합리적으로 잘 되어 있었기 때문이지요.
이렇게 만든 데에는 강희제의 역할이 컸어요. 세계 어느 나라 왕과 비교해도 뛰어난 통치자로 꼽히지요.
강희제는 코피가 나도록 공부할 정도로 공부를 아주 좋아했어요. 하지만 말을 타고 밖으로 나가면 어느 무사 못지않게 말을 잘 타고 싸움도 잘했지요. 그래서 청나라의 땅도 크게 넓혔어요. 백성들에게 무리를 주지 않을 정도로만 세금을 정하는 등 정치를 안정시켜 청나라를 살기 좋은 나라로 만들었답니다.

특히 청나라 초기에는 서양인 선교사들의 활동을 크게 막지 않았기 때문에 아담 샬 외에도 많은 선교사들이 무기의 제작 방법이나, 지도 제작법을 소개했어요. 바로크식 건축 양식을 전하기도 했어요. 하지만 강희제는 가톨릭교가 신도

바로크식 건축 양식의 중국 건물
원명원은 옹정제가 만든 황실 정원으로 건륭제가 바로크식 양식을 더했다. 1860년에 영국·프랑스 연합군에게 파괴되었다.

에게 제사를 지내지 말라고 하는 등 중국의 관습을 어기자 선교사의 선교를 금지했어요. 또한 건륭제 때에는 조정에서 일하는 선교사 외의 서양 사람을 나라 밖으로 내쫓아 이들의 영향력은 한동안 약해질 수밖에 없었어요.

청나라가 한족을 오랫동안 다스릴 수 있었던 비결은 뭘까?

청에서 조선으로 건너온 서양 문물

마테오 리치의 《천주실의》

조선에 천주교가 전파되는 데 결정적인 역할을 한 책이에요.
'하나님에 대한 참된 토론'이란 의미로 예수회 선교사
마테오 리치가 청에 천주교를 전하기 위해 썼어요.

아담 샬의 《천구의》

청나라는 조선을 침략했을 때, 조선의 소현 세자를
볼모로 데려왔어요. 이때, 아담 샬은 소현 세자에게 천주상과
천구의(별과 별자리를 표시한 모형), 천문서 등을 선물했어요.
이 물품은 고스란히 조선에 전해졌답니다.

테렌즈의 《기기도설》

스위스 출신의 예수회 선교사 테렌즈는 1627년
서양 과학 기술을 설명하는 《기기도설》을 북경에서
처음 출판했어요. 정약용은 이 책을 참고해서
거중기를 고안했다고 해요.

청나라에서 조선으로 건너온 물건들

조선의 문신 정두원은 청나라에 사절로 갔다가
이탈리아에서 온 로드리게스 신부를 만났어요.
그에게서 서양의 천문과 과학 기술에 대해 들었지요.
그리고 홍이포, 천리경, 자명종을 가져왔어요.

4장 조선의 역경과 일본 재통일

16~17세기경 일본의 해외 무역로

일본인 마을 ▲   에스파냐 령 ■
무역로 —   네덜란드 령 ■

명

일본

태평양

시암

베트남

필리핀

캄보디아

수마트라 섬

보르네오 섬

자와 섬

내가 보름에 한 번씩 아무도 몰래 가는 데가 있어. 쉿! 아무한
테도 말하면 안 돼. 그곳은 다름 아닌 네덜란드 무역 사무소
야. 얼마 전에 일본에 세워졌어. 거기서 나는 네덜란드 말을 배워. 통역사가 되
는 게 꿈이거든. 그래서 네덜란드랑 다른 서양의 많은 나라를 다니고 싶어. 지금
은 겨우 알파벳을 읽고 간단한 인사만 하는 정도지만, 나중에는 네덜란드 책도
일본에 소개하고, 그 나라에도 꼭 갈 거야.

조선의 굴욕, 병자호란

광해군의 명령서
왕의 비서에 해당하는
동부승지에게 시켜서 신하에게
내리는 명령을 적은 글이다.

중국 땅에서 여진족이 후금을 세워 명나라와 싸우고 있을 때, 조선에서는 선조가 죽고 광해군이 왕위에 올랐어요. 이때 명나라는 조선에 지원군을 요청했는데, 광해군은 일단 강홍립을 앞세워 지원군을 보내기로 했어요.

그러나 후금의 세력이 워낙 거세었던지라 광해군은 강홍립에게 은밀하게 명령을 내려 두었어요.

"전투에 나서거든 힘껏 싸우지 말고 항복하라. 그리고 우리 조선은 싸울 뜻이 없음을 후금에 전하라."

광해군은 명나라와의 의리를 생각해 군사를 보내긴 했지만, 훗날이 걱정되어 후금과 맞설 수가 없었어요. 그래서 중립을 선택했던 것이지요.

그런데 몇몇 대신과 능양군(훗날 인조)은 이런 광해군의 행동을 아주 못마땅하게 생각했어요.

"어찌 오래도록 섬겨 오던 명나라를 버리고, 오랑캐와 가까이 지낼 수 있단 말이오."

결국 신하들은 반란을 일으켰고, 능양군이 왕위에 올랐어요. 왕이 되어서는 친명배금 정책을 내세웠어요.

친명배금
- - - - - - - - - - - - - - - - - -
명나라와 가까이 지내고 후금은 멀리한다는 뜻이야.

이런 사실이 전해지자 후금의 왕 홍타이지는 먼저 조선을 공격하기로 했어요. 명나라와 싸울 때, 조선이 위협이 될지 모른다고 생각했기 때문이에요.

1627년 1월 13일, 압록강을 건넌 후금 군사들은 순식간에 의주를 점령하고, 안주성으로 갔다가 평양성으로 밀려들었어요. 이를 정묘호란이라 해요.

"장만을 도제찰사에 임명하니 즉시 군사를 모아 후금군을 막도록 하라! 또한 소현 세자는 전주로 내려가 군사를 모으면서, 만약에 있을지 모를 사태에 대비하라!"

인조는 서둘러 신하들에게 명령하고 자신은 궁궐을 버린 채 강화도로 피난을 떠났어요. 하지만 더 이상 후금 군대를 막아 낼 힘이 없던 조선은 후금과 화해하고, 후금의 요구를 들어주지 않을 수 없었어요.

도제찰사

조선 시대에 전쟁이 일어났을 때 군사와 관련된 일을 맡아보던 최고 신하야.

소현 세자

인조의 첫째 아들이야. 청나라에 볼모로 잡혀갔다가 돌아온 뒤, 알 수 없는 병에 걸려 세상을 떠나고 말았어.

첫째, 후금과 조선은 형제의 관계가 될 것을 맹세하라.
둘째, 임금의 동생을 인질로 후금에 보내라.
셋째, 명나라의 연호를 쓰지 말라.
넷째, 사향과 수은, 붓 등의 물품을 보내라.

이를 정묘약조라고 불렀어요.
하지만 이 약조는 오래가지 못했어요. 후금은 명나라

와의 전쟁에 필요한 식량과 군사를 보내라고 했을 뿐
아니라 마침내 두 나라가 임금과 신하의 관계를 맺어
야 한다며 억지를 부렸어요.

그러나 조선의 조정에서는 그것을 거부하고, 홍타이
지가 보낸 후금의 국서도 받지 않았어요. 오히려 인조
는 북쪽 지방을 지키는 장수들에게 전쟁에 대비하여
병사들을 잘 훈련시키고, 무기를 손질하라 일렀지요.

하지만 후금에서 이런 일을 모를 리 없었어요. 후금
은 1636년 4월 나라 이름을 청이라 바꾸고 그해 12월
다시 한번 조선을 침략했어요. 이를 병자
호란이라 해요.

청군 7만, 몽골군 3만, 한족의 군사 2만
이 연합한 12만의 군사가 압록강을 건넜
어요. 그들은 불필요한 전투를 피하기 위
해 임경업 장군이 지키고 있던 백마산성
(평안북도에 있던 성)을 피해 곧바로 도성
으로 밀고 내려왔어요. 채 보름도 되지
않아 개성에 다다랐지요.

"상감마마, 청나라 군사들이 이미 개성
을 점령했다고 하옵니다."

"뭣이? 그렇다면 서둘러 피난 준비를

🐦 국서
- - - - - - - - - - - - - - - - - - - -
한 나라의 왕이 나라의 이름
으로 보내는 문서를 말해.

조선의 명장군 임경업
어려서부터 무예가 뛰어나
1618년 24세에 무과에
합격하였다. 이후 내란을
억누르고 우림위장 같은 무관,
낙안 군수 같은 지방 관리를
맡아보았다.

**인조가 지난
남한산성 서문**
인조와 세자, 신하들은
남한산성에서 청나라에
맞섰다. 하지만 굶주림과
추위 때문에 이 남한산성
서문을 통해 항복하러
나설 수밖에 없었다.

하라! 서둘러 강화도의 수비를 배로 늘이고 신하들은 앞장을 서라!"

그러나 또 다른 소식이 곧바로 들려왔어요.

"전하, 청군이 이미 영서역을 지났다 하옵니다. 강화도로 가는 길이 막혔사옵니다."

"오오, 그렇다면 서둘러 남한산성으로 피하라!"

인조는 세자와 신하들을 이끌고 급히 남한산성으로 피신했어요.

곧이어 주변에 있던 관리와 병사들이 남한산성으로 모였어요. 하지만 군사는 고작 1만 3천 명, 쌀과 콩이 약 2만여 석, 겉보리가 5천 석 조금 넘을 뿐이었어요. 성 안의 인원이 50일 동안 버틸 수 있는 양이었지요.

그에 비해 성을 완전히 포위한 청나라 군사는 무려

영서역
- - - - - - - - - - - - - - - - - - - -
지금의 은평구 부근이야.

10만이 넘었어요. 청나라군은 한양마저 점령한 뒤여서 사기가 올라 있었지요. 그러나 청나라군은 섣불리 공격하지 않고 조선군의 식량이 다 떨어지기를 기다렸어요.

이윽고 1월 말이 가까워지자 조선의 군사들은 배고픔과 추위에 완전히 사기가 떨어졌어요. 병사들은 싸워 보지도 못하고 동상에 걸려 죽어 갔고, 도망을 치는 사람도 있었어요.

"조선의 병사들아, 용기를 내라! 곧 지원군이 달려와 우리를 살려 줄 것이다!"

장수들은 병사들을 위로했지만 지원군은 올 수가 없었어요. 남한산성까지 이르지 못하고 싸움터마다 청나라 군사들에 지고 말았기 때문이에요.

결국 임금과 조선군은 완전히 고립되었고, 인조는 서둘러 홍서봉과 최명길을 청나라 왕 홍타이지에게 보내 국서를 전달했어요.

🦉 홍서봉

조선 시대 문신으로 병자호란 당시 좌의정이었어. 청과 사이좋게 지내야 한다고 주장했지.

🐱 최명길

조선 시대 문신으로 병자호란 당시 이조(관리 등용 업무) 판서였어. 청과 사이좋게 지내야 한다고 주장했지.

작은 나라가 큰 나라에 죄를 지어, 전쟁이 나게 했습니다. 성 안의 백성들이 위급한 형편입니다.

작은 나라가 잘못을 뉘우치니 큰 나라가 그 죄를 용서해 주시는 것이 도리인 줄로 아옵니다.

하지만 청나라 왕 홍타이지는 쉽게 수그러 들지 않았어요. 홍타이지는 장수 용골대와 마부대를 보내 호통을 쳤어요.

병자호란

"조선의 왕은 청나라에 신하의 예를 갖추라. 그리고 명나라와의 관계는 끊으라. 또한 두 번 다시 청나라에 반항하지 않겠다고 맹세하라!"

엎친 데 덮친 격으로 강화도로 피했던 일부 신하들과 봉림 대군이 결국은 청나라군에 모두 잡혔다는 소식이 들려왔어요. 인조는 더 이상 버텨 낼 용기를 잃고 말았어요.

인조는 최명길을 불러 항복 문서를 쓰게 했어요. 그러나 홍타이지는 항복 문서를 받지 않았어요.

"왕이 직접 나와 항복하라!"

1637년 1월 30일, 마침내 인조는 세자와 함께 남한산성 서문으로 나가 한강에서 배를 탔어요. 곧 인조는 세자와 신하들과 함께 삼전 나루에 이르렀지요.

삼전 나루 얕은 언덕에는 누런 빛깔의 장막이 쳐져 있었어요. 인조는 청나라 군사들에 이끌려 그 안으로 들어갔어요. 홍타이지는 장막 안의 높은 계단 위에 앉아 있었어요. 인조는 그 계단 아래에 꿇어 앉았어요.

🐰 봉림 대군

인조의 둘째 아들로 훗날 효종이 되지.

🐰 삼전 나루

오늘날 송파구 송파동에 있던 조선 시대 나루야. 한양의 도성과 남한산성을 이어 주던 나루였지.

"항복의 예를 갖추라!"

홍타이지의 명령에 인조는 일어나 홍타이지에게 세 번 절하고, 아홉 번 머리를 조아렸어요.

얼마 후, 홍타이지는 두 왕자를 볼모로 데려갔고, 끝까지 싸우자고 주장했던 척화파 관료 윤집과 오달제, 그리고 홍익한을 묶어서 끌고 갔어요.

그게 전부가 아니었어요. 전쟁 동안, 불에 타거나 부서져 폐허가 된 집이 헤아릴 수 없이 많았으며, 약탈로 인해 목숨을 잃은 백성들도 어마어마하게 많았어요.

🧒 볼모

상대방이 약속을 지키게 하려 잡아가는 인질을 말해.

끝없는 당파 싸움

"삼전도(삼전 나루)의 수치와 모욕을 잊을 수 없노라. 반드시 청나라를 정벌하여 앙갚음을 할 것이다."

소현 세자가 갑작스레 세상을 떠나는 바람에 인조의 뒤를 이어 즉위한 효종(봉림 대군)은 친청파를 물리치고 친명파 신하들을 새로 등용했어요. 특히 송시열(123쪽)은 효종 가까이에서 북벌론을 주장하였고, 실제 일은 이완 장군이 맡았어요.

효종은 곧 군사 시설을 늘리고, 군사들을 강하게 훈련시켰어요. 성을 쌓고, 보수하는 일을 서둘렀으며, 지방의 군사들에게도 무슨 일이 일어날 때를 대비하도록 일렀어요. 여기에 더하여 박연으로 하여금 새로운 무기 제조 기술을 가르치게 했어요. 박연은 조선 군사에게 조총 사용법을 가르치기도 했어요. 효종은 이를 바탕으로 조총수를 키웠는데, 덕분에 두 번이나 청나라 군대를 도와 나선 정벌을 승리로 이끌기도 했어요. 사실 이 싸움은 효종이 군사들에게 실전 경험을 익혀 주려고 계획한 것이었지요.

하지만, 청나라 정벌의 기회는 쉽사리 오지

🧑 북벌론

북쪽의 청나라를 무찔러서 병자호란 때의 치욕을 없애자는 주장이야.

🧑 나선 정벌

청의 요구에 응하여 러시아를 무찌른 싸움이야.

나선 정벌

1차 정벌 →
2차 정벌 →

어라이무청
의란(이란)
영안(닝안)
회령
경성
조선
원산
동해
황해
한성

않았어요. 청나라는 갈수록 강해졌고, 군사력만 키우다 보니 나라 안 살림이 어려워졌어요.

결국 효종은 청나라 정벌의 꿈을 끝내 이루지 못하고 1659년, 갑작스럽게 세상을 떠나고 말았어요.

그런데 효종은 눈을 감으면서 대신들에게 엄청난 숙제를 남겨 놓았어요.

"전하, 선왕(효종)은 둘째 아들이므로 1년간 장례를 치러야 합니다! 따라서 자의 대비께서는 1년간 상복을 입어야 하옵니다."

송시열과 송준길을 비롯한 서인들은 새 임금 현종에게 아뢰었어요. 그러나 기다렸다는 듯 남인 학자인 허목과 윤휴가 반대했지요.

"상감마마, 그렇지 않사옵니다. 선왕께서 차남이긴 하셨지만 왕위를 계승하였으므로 3년 동안 상을 치르는 것이 알맞은 법도입니다. 그러니 자의 대비께서도 3년간 상복을 입어야 마땅하옵니다."

양쪽의 주장은 끝내 감정싸움으로 치달았고, 결국에는 지방에서까지 이 논쟁이 일어났어요.

그러자 임금 현종이 직접 나섰어요.

"이번 장례는 1년간 치를 것이다. 신하들은 더 이상 이 문제로 이래라 저래라 하지 말라!"

결과적으로 서인의 손을 들어준 꼴이 되었지요. 이로 인해 서인의 힘이 커지고 남인의 세력이 급격하게 약해졌어요.

그런데 다시 한번 싸움이 커졌어요. 1674년, 인선 왕후(효종의 왕비)가 세상을 떠났을 때였어요. 또다시 자의 대비가 몇 년간 상복을 입어야 하는지가 문제가 되었어요.

"상감마마, 예로부터 둘째 아들의 부인이 죽으면 그 어머니는 9개월 동안 상복을 입습니다. 이에 따라 자의 대비께서는 9개월만 상복을 입으시면 될 것이옵니다."

서인을 이끈 문신 송시열
율곡 이이의 학문을 잇는 기호학파로 효종의 세자 시절 스승이기도 했다.
서인의 대표적 인물이었으며 고집 세고 사려 깊은 인물로 알려져 있다.

서인의 이러한 주장을 듣고 가만히 있을 남인이 아니었지요.

"아니옵니다. 인선 왕후께서는 자의 대비의 둘째 며느리이긴 하나 중전마마셨습니다. 당연히 1년 동안 장례를 치르고, 자의 대비께서도 1년간 상복을 입으셔야 하옵니다."

그런데 현종은 이번에는 반대로 남인의 손을 들어 주었어요.

"인선 왕후의 장례는 1년간 치를 것이다. 그에 따르도록 하라! 어기는 자는 엄벌에 처할 것이로다!"

이번에는 남인이 벼슬자리에 오르고 서인 사람들이 쫓겨났어요. 서인의 우두머리 노릇을 하던 송시열도 유배지를 떠도는 신세가 되어야 했지요.

이런 싸움이 반복되었던 것은 가정의 관혼상제에 대한 예법을 적어 놓은 《가례》 때문이었어요. 《가례》에 따르면 죽은 이가 맏아들일 경우에는 3년 동안, 둘째 아들일 경우는 1년 동안 상복을 입어야 했어요. 그러니 서인의 주장에도 나름대로 일리가 있었지요. 또한 맏아들의 부인이 죽으면 1년, 둘째 아들의 부인이 죽으면 9

관혼상제
- - - - - - - - - - - - - - - -
성인이 되어 혼례를 치르고 장례와 제사를 지내는 일을 모두 말해.

개월간 상복을 입어야 했어요. 송시열은 그 원칙에 따라야 한다는 것이었어요.

현종의 뒤를 이어 임금의 자리에 오른 숙종은 이런 대신들의 싸움에 가슴이 아팠어요.

'어리석구나. 이렇듯 장례 절차 하나만 가지고도 선비들이 서로를 헐뜯으며, 싸움을 그치질 않는구나. 이러다가는 임금도 무사하지 못하리라.'

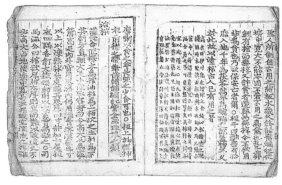

논쟁의 계기가 된 책 《가례》
송나라 주희가 쓴
가정 예절에 대한 책이다.

과연 숙종의 걱정대로 남인의 벼슬아치들은 서인 세력을 철저히 몰아세우며 벼슬자리를 독차지했어요. 어떻게든 서인의 선비들을 유배 보내고 그것도 모자라 목숨을 빼앗으려 했지요. 숙종은 간담이 서늘해졌어요.

'제 생각과 다르다 하여 서로 멸시하고, 끝내는 죽음으로 몰아넣는구나. 저런 자들이라면 임금인 나를 해치고도 남으리라. 이들로 하여금 임금에게 충성하게 하고 왕의 명령을 잘 듣게 하려면 어떻게 하면 좋을까?'

일단 숙종은 남인 세력이 너무 커지지 않도록 막기 위해서 김석주를 벼슬자리에 앉혔어요. 김석주는 명성 왕후의 사촌 동생이었어요.

김석주는 남인 세력을 몰아내고 싶어 했어요.

😊 명성 왕후
- - - - - - - - - - - - - - - - - -
현종의 비로 숙종의 어머니
이기도 해.

"상감마마, 남인의 우두머리 허적의 서자 허견이 반역을 일으키려 했습니다. 처벌해야 하옵니다."

숙종은 이 사건에 발끈했어요.

"허견을 잡아들이고 그의 아비 허적을 벼슬자리에서 내쫓으라! 복창군과 세 형제를 유배 보내고 반역을 함께하려 한 자를 모조리 내쫓으라!"

이로 인해 영의정이었던 허적이 물러나고, 남인 세력들 대부분이 벼슬자리에서 내려왔어요. 그리고 쫓겨났던 서인 사람들이 다시 벼슬자리를 차지했지요. 유배를 떠났던 송시열도 돌아왔어요. 이 사건을 '경신환국'이라 불렀어요.

이후에는 서인 사람들이 남인 사람들의 씨를 말리려고 덤벼들었어요. 서인 사람들은 남인 사람이라면 죄가 거의 없더라도 숨어 있는 이까지 무조건 잡아내 처형하려 했지요. 이를 위해 없는 사건을 만들고, 선비들의 행동 하나까지 일일이 감시했어요.

그런데 이러는 과정에서 서인 사람들 사이에서도 패거리가 갈라졌어요.

"남인의 세력을 낱낱이 잡아들여 다시는 벼슬에 오를 수 없도록 해야 합니다."

특히 서인 세력 중 나이가 든 사람들이 더욱 모질게

남인 세력을 몰아붙였어요. 그런데 뜻밖에도 젊은 서인의 선비들은 남인 세력이 아닌, 서인 학자 김익훈을 물고 늘어졌어요.

"아니오. 지금은 남인보다 김익훈의 잘못을 낱낱이 밝혀야 하오. 김익훈은 역적

송시열이 제자들을 가르치던 남간정사
1683년 숙종 때 송시열이 지은 서당이다. 송시열은 이곳에 머물며 많은 사람들의 의견과 조정의 정치에 영향력을 미쳤다.

집 재산을 탐내어, 역적의 부인과 딸을 데리고 살고 있소. 또한 돈을 주고 있지도 않은 사건을 만들어 선비들을 가두고 있소. 예전에는 남인의 우두머리 허적에게 빌붙은 적도 있소이다."

그 앞에는 젊은 학자 한태동이 나섰어요. 그러자 송시열이 나서서 김익훈을 감쌌고, 이에 질세라 송시열의 제자 윤증은 송시열까지 비난했어요.

결국 서인의 세력은 김익훈과 송시열이 이끄는 세력과 한태동이 이끄는 젊은 세력으로 나누어졌어요. 그들을 각각 노론과 소론이라 불렀어요.

하지만 조정을 그토록 시끄럽게 했던 서인의 세력은 또다시 몰락을 기다리는 처지가 되고 말았어요.

이즈음 숙종 임금은 한 궁녀에게 마음을 빼앗기고 있

었어요. 바로 장옥정이라고 하는 궁녀였는데, 매우 총명하고 아름다웠지요. 장옥정은 곧 숙종의 사랑을 받아 숙원이라는 품계를 받더니 곧이어 소의, 희빈이 되었고, 1688년에 왕자까지 낳게 되었어요. 바로 이때, 또 다른 사건이 터졌어요.

"짐은 희빈이 낳은 왕자 균을 원자로 정할까 하오."

숙종은 어느 날 신하들을 불러 놓고 말했어요. 그러자 송시열이 앞에 나서서 반대했어요.

"상감마마, 지금 왕자 균을 원자로 책봉하는 것은 너무 이르옵니다. 인현 왕후께서 아직 젊으시니 얼마든지 왕자를 낳을 수 있으실 것입니다."

실제로 중전 인현 왕후는 젊고, 총명하고 아름다웠어요. 그러나 그 말 뒤에는 다른 이유가 있었어요. 인현 왕후의 친정아버지 민유중이 서인 사람이던 것이지요. 그것도 송시열과 같은 뿌리 깊은 노론 사람이었어요.

숙종은 그런 송시열의 속마음을 모를 리 없었어요. 게다가 이미 장희빈에게 마음을 빼앗긴 숙종은 신하들에게 엄하게 명을 내렸어요.

"신하들은 어찌 사사건건 나의 명령을 듣지 않는가? 원자를 정하는 데 반대하는 글을 올린 송시열을 유배 보내라!"

그리고 나아가 서인의 세력들을 다시 벼슬자리에서 쫓아냈어요. 1689년에 송시열은 끝내 사약을 받고 세상을 떠났어요. 서인의 거물이었던 김수항과 김만중도 유배되었고요. 뿐만 아니라 인현 왕후에게서 왕후 자격을 빼앗고 궁궐 밖으로 쫓아 보냈지요.

'나를 따르지 않는 자는 그들이 서인이든 남인이든 조정에서 편치 못하리라!'

숙종은 굳게 결심하고 이번에는 다시 민암, 이의징 (130쪽)과 같은 남인의 선비들을 벼슬자리에 불러 들였어요. 이 사건을 '기사환국'이라 불렀지요.

장희빈은 정식으로 중전의 자리에 올랐어요. 그 뒤를 남인 세력이 돕고 있었어요. 장희빈의 친정아버지가 남인 세력과 긴밀하게 연결되어 있었거든요.

그러나 그로부터 5년 뒤, 다시 한번 피바람이 몰아쳤어요.

노론의 김춘택과 소론의 한중혁이 힘을 모아 폐비 민씨를 다시 왕비로 올리려 몰

인현 왕후

숙종의 둘째 부인이었어. 서인 집안 출신이었지.

장희빈

역관(통역 관리) 집안의 딸로 어렸을 때 궁녀가 되어 스무 살 무렵부터 숙종의 사랑을 받았지. 조선의 20대 왕 경종을 낳았어.

민암

조선 시대의 문신이었어. 함경도 관찰사(지방 장관), 우의정 등을 지내며 송시열의 처형을 주장했지. 남인의 우두머리였어.

이의징

조선 시대 무신으로 숙종 때 호조(부역, 공물, 인구 담당) 참판, 훈련대장(중앙 군사 조직의 우두머리) 같은 벼슬을 지냈어.

래 의논하고 있었기 때문이에요.

이러한 사실은 곧 남인의 귀에 들어갔어요. 남인 사람들은 즉시 입을 모아 임금에게 아뢰었어요.

"상감마마, 서인의 김춘택과 한중혁이 폐비 민씨를 다시 왕비로 올리려는 움직임이 있사옵니다. 잡아들여 죄를 밝히소서."

그러나 숙종은 움직이지 않았어요. 그렇지 않아도 남인 세력이 지나치게 커졌다고 생각했기 때문이지요. 게다가 장희빈에 대한 숙종의 사랑이 예전 같지 않았어요. 그러다 보니 인현 왕후를 쫓아낸 일도 후회가 되었어요.

이윽고 숙종은 남인 사람들의 벼슬을 빼앗아 버렸어요. 민암과 이의징이 유배되어 죽음을 맞았고, 장희빈의 오빠 장희재도 유배되었지요. 이어 중전에 올랐던 장씨도 희빈으로 다시 내려갔어요. 물론 인현 왕후는 다시 왕비가 되어 궁궐로 돌아왔지요. 이에 따라 다시 서인들, 그중에서도 소론 쪽의 벼슬아치들이 권력을 잡게 되었어요.

하지만 사건은 여기서 그치지 않았어요.

궁궐로 돌아온 인현 왕후가 얼마 지나지 않아 병으로 세상을 떠나고 말았어요. 그런데 1701년, 숙종은 놀랄

만한 보고를 받았어요.

"상감마마, 희빈 장씨가 무당을 불러들여 굿을 하며 그동안 인현 왕후를 저주하였다고 하옵니다."

과연 희빈 장씨는 아예 신당을 차려 놓고 있었어요. 이곳에서 장씨가 인현 왕후를 저주하며 자신이 다시 왕비가 되게 해 달라고 굿을 벌였던 사실이 밝혀졌지요.

"여봐라! 당장 장씨에게 사약을 내리고 그 오빠 장희재를 잡아들여 죄를 고하게 하라!"

여기에 더하여 조정의 실제 권력을 잡고 있던 소론 쪽의 벼슬아치들이 쫓겨나 유배를 당했어요.

이처럼 조선은 당파 싸움으로 점점 힘을 잃어 가고 있었어요.

사이좋은 숙종과 인현 왕후 묘(명릉)
고양시 서오릉에는 숙종과 인현 왕후 묘가 나란히 자리 잡고 있다. 숙종의 명에 따라 적은 인력으로 간소하게 지어졌다고 한다. 서오릉은 사적 제198호로 정해졌다.

신당
- - - - - - - - - - - - - - - - - - -
신령을 모셔 놓는 집을 말해.

에도 막부의 성립과 발전

도요토미 히데요시는 세상을 떠나기 직전 자신이 믿고 있던 5봉행과 5대로를 불러 말했어요.

"아무쪼록 어린 히데요리를 잘 부탁하오. 여러분이 도와주시리라 믿소."

그리고 히데요시는 고작 여섯 살의 아들을 남겨 놓고 세상을 떠났어요. 히데요리는 보호해 줄 가까운 친척이나 형제가 없었기 때문에 누군가의 도움이 절실히 필요한 형편이었지요.

하지만 5대로의 한 사람이었던 도쿠가와 이에야스는 히데요시와 한 약속을 지키지 않았어요. 이에야스는 여러 다이묘와 활발하게 교류하면서 자신의 세력을 빠르게 키워 나갔어요. 이에 다른 5봉행과 5대로가 이에야스를 나무랐지만, 이에야스는 그 의견을 무시했지요.

'나야말로 천하를 한 손에 쥘 사람 아니던가?'

이에야스는 가슴 깊이 숨겨져 있던 자신의 욕망을 숨기지 않고 드러내기 시작한 거예요. 이를 지켜본 5봉행의 우두머리 이시다 미쓰나리가 이에야스를 없앨 계획을 세우고 때를 엿보았어요. 그리고 마침내 이에야스가 오사카성(135쪽)을 비운 사이, 히데요시를 따르던 세력

5봉행
재정과 소송을 담당하던 신하를 말해.

5대로
비서 또는 돕는 역할을 하던 신하야.

다이묘
각 지방을 다스리던 영주야.

을 모아 이에야스와 전투를 벌였지요. 하지만 이 싸움에서 이에야스가 승리하고 미쓰나리는 죽음을 맞았어요.

이때 이에야스는 자신에게 대든 다이묘들의 땅과 재산을 모두 빼앗아 자신을 도왔던 다이묘들에게 나누어 주었어요. 그리고 자신이 세력을 키워 나갔던 에도에 막부를 열었지요.

하지만 히데요리가 아직 살아 있고, 히데요리를 따르는 세력들이 여전히 남아 있었기 때문에 이에야스는 이들을 없애기로 마음먹었어요. 물론 그것은 쉬운 일이 아니었어요. 오사카성은 안팎이 튼튼한 요새와 같았고, 그 안에는 여전히 수없이 많은 보물과 무기가 쌓여 있어서 함부로 공격할 수가 없었어요. 무언가 꾀를 내어야 했지요.

이에야스는 히데요리를 불러들였어요.

"오랫동안 전쟁과 무관심으로 전국에 있는 신사와 사원들이 낡고 허물어졌소. 이것을 오사카성 사람들이 다시 세워 주면 어떻겠소?"

일본을 다시 통일한 도쿠가와 이에야스
1543년 일본 중부의 오카자키 성 성주의 맏아들로 태어났다. 두 살 때 어머니와 떨어진 후 인질 생활을 오래 했다. 히데요시가 죽은 후 일본을 다시 통일하였다.

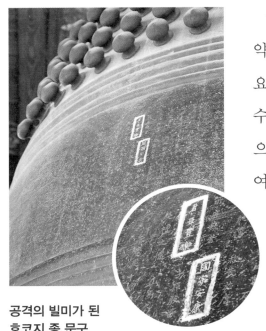

**공격의 빌미가 된
호코지 종 문구**
이에야스 무리는 '국가 안강',
'군신 풍락'이라고 쓴 문구에
도쿠가와 가문을 분열시키고
'도요토미(풍신)'라는 이름을
넣어 이에야스에게 맞서려
한다며 꼬투리를 잡았다.

🐵 **대불전**

절에서 큰 불상을 모셔 놓은
건물을 말해.

이것은 히데요리와 오사카성의 경제력을 약하게 만들려는 이에야스의 계략이었어요. 그걸 알면서도 히데요리는 따르지 않을 수 없었지요. 당장 싸움을 벌일 수는 없었으니까요. 결국 히데요리는 수많은 돈을 들여 곳곳의 사원을 고쳐 주어야 했어요.

그런데 교토의 호코지 대불전을 수리하고 났을 때 뜻하지 않은 문제가 생겼어요. 종을 새로 만들어 그 위에 글씨를 새겼는데, 이에야스의 부하들이 그 글을 문제 삼고 나선 것이에요.

"그 글씨는 이에야스를 저주하고 도요토미 가문에서 왕이 나와야 한다고 주장한 글입니다."

터무니없는 주장이었지만, 이에야스는 이것을 핑계 삼아 히데요리에게 오사카성을 떠나라고 명령했어요. 하지만 히데요리는 이 명령에 따를 수가 없었어요.

마침내 히데요리와 히데요리를 따르는 수많은 무사들이 오사카성으로 모여들어 이에야스와 싸우기로 결심했어요. 이 소식을 들은 이에야스는 기다렸다는 듯이 군사를 이끌고 오사카성으로 향했지요.

'오사카 겨울의 싸움'이라 부르는 전투가 시작되었어

요. 이에야스는 20만의 군대를 이끌고 오사카성을 공격했지만, 쉽사리 성을 빼앗지 못했어요. 특히 성 안팎에 파 놓은 해자가 있어서 접근조차 쉽지 않았어요.

결국 이에야스는 잠시 싸움을 멈추자고 제안했고, 그 조건으로 성 밖의 해자를 메우라고 요청했어요. 오사카성 안에서는 반대도 많았지만, 결국 평화를 택하기로 하고 해자를 메웠어요. 하지만 이에야스는 이것을 기다리고 있었지요.

해자

성 주위를 둘러 판 연못이야.

해자로 둘러싸인 오사카성
오사카성은 히데요시가 1585년에 지었다. 불이 나 폐허가 되었다가 1931년 원래의 성을 본떠 다시 지어졌다.

이에야스는 다시 오사카성을 공격했어요. 해자가 사라진 뒤라, 공격하기가 훨씬 쉬워졌지요. 수많은 병사들이 성벽을 기어올랐고, 마침내 성문이 열리고 말았어요. '오사카 여름의 싸움'이라 불리는 이 전투로 결국 오사카성은 이에야스에게 점령되었고, 도요토미 가문은 완전히 멸망하고 말았어요.

이렇게 나라 안을 통일한 이에야스는 바깥으로 눈을 돌렸어요. 이에야스는 조선과도 사이좋게 지내려 노력했고, 도요토미 때와는 달리 외국과의 무역에 관심을 기울였어요.

'아무래도 권력을 오랫동안 유지하고, 이것을 자손 대대로 물려주려면 경제력이 튼튼해야 해.'

그래서 이에야스는 1609년에 히라도에 들어온 네덜란드 상선의 선장을 만나 상관을 설치하게 했고, 이어 영국과도 무역할 수 있도록 허락했지요.

뿐만 아니라 이에야스는 동남아시아 쪽으로도 눈을 돌리고 여러 나라에 편지를 보냈어요.

일본의 배들이 당신네 나라와 무역을 원하고 있으니, 무사히 상품을 사고팔 수 있도록 해 주시오.

다만 이에야스는 자신의 붉은 인장이 찍힌 증명서를 가지고 있는 배만이 무역을 하도록 하라는 부탁도 함께 전달했지요. 이런 배를 주인선(138쪽)이라고 불렀는데, 이 배는 인도차이나 반도의 베트남, 캄보디아까지 흘러 들어갔어요. 그런 덕분에 이 나라들로 가는 배가 한동안 끊이지 않았고, 일본의 배들이 드나드는 항구 지역에는 일본인 마을이 생겨나기도 했어요.

뿐만 아니라 이에야스는 에스파냐 선교사에게 필리핀과 무역을 할 수 있도록 소개해 달라고 부탁했고, 태평양 건너 멕시코 사람들과도 만나 접대를 하기도 했어요.

하지만 주인선을 앞세운 해외 무역은 쇠퇴하게 되었

히라도
일본 남부 규슈에 있는 섬이란다.

상관
무역 사무소를 말해.

일본 공식 무역선, 주인선
일본 조정에서 허가증을 받고 동남아시아의 여러 나라와 무역을 한 배다. 일본은 은, 동, 유황 등을 싣고 가 설탕 등의 물건과 바꾸었다.

🐶 쇄국령
- - - - - - - - - - - - - - - - -
에도 막부의 도쿠가와 이에미쓰가 1639년 발표한 명령이야. 외국과 교류를 하지 말라는 내용이었지.

어요. 도쿠가와 이에야스가 연 에도 막부가 쇄국령을 발표했기 때문이에요.

쇄국령은 천주교가 일본 땅에 뿌리내리는 것을 막기 위한 조치였어요. 도요토미도 그랬지만, 에도 막부 역시 천주교 신앙이 나라를 다스리는 데 방해가 된다고 생각했거든요. 그래서 에도 막부는 1613년 전국에 천주교 금지령을 내리고 철저하게 천주교를 탄압하기 시작했어요. 이때 수많은 사람들이 붙잡혀 가서 옥에 갇히고 고문을 당했지요.

쇄국령을 내린 이유는 또 있었어요. 외국 배와 자주 만나는 서쪽 지역의 다이묘들이 무역으로 돈을 벌고 세력을 키우자 신경이 쓰였던 것이에요. 마침내 에도 막부는 '주인선 말고는 절대 외국에 가면 안 된다.'는 내용이 담긴 법령까지 제정했어요.

이러한 조치로 나라 안이 한동안 안정되고 평화를 유지하는 듯 보였어요. 하지만 쇄국 정책이 오래 지속되자 일본은 외톨이가 되기 시작했어요.

에도 막부, 개혁을 시도하다

에도 막부가 튼튼하게 자리를 잡은 것은 도쿠가와 이에미쓰가 3대 쇼군 자리에 오르면서부터였어요. 이에미쓰는 모든 다이묘에게 절대 복종을 강요하면서 막부의 권력을 강하게 만들었어요. 정치 조직도 완벽하게 마련했지요. 게다가 경제적 형편도 좋아져서 에도 막부는 나라 안팎으로 안정을 누릴 수 있었어요.

5대 쇼군 쓰나요시 때까지도 백성들의 생활은 넉넉한 편이었어요. 전쟁이나 반란이 없었기 때문에 쓰나요시는 오로지 무력에만 기대는 정책을 버리고 무사들에게도 공부를 많이 하라고 했어요. 그리하여 이때 문화

쓰나요시가 지은 유시마 성당
공자에게 제사 지내고 유학을 연구하는 곳이었다. 에도 시대 초기 유학자 하야시 라산이 운영하던 유교 학교를 여기로 옮겼다.

가 활짝 꽃피기도 했지요. 이 시대를 '겐로쿠 시대'라 불렀어요.

하지만 쓰나요시는 점차 정치에 무관심해졌어요. 뿐만 아니라 엉뚱한 짓을 저지르기도 했어요.

쓰나요시에게는 아들이 없었어요. 그래서 늘 후계자 문제로 골머리를 앓았지요. 그런데 어느 날, 쓰나요시가 믿고 아끼던 한 스님이 이런 말을 했어요.

"쇼군께서 이전 생애에 사람이나 짐승을 많이 죽여서 아들이 없으신 것입니다. 그러니 살아 있는 것을 죽이지 말아야 합니다. 또한 쇼군께서는 개의 해에 태어나셨으니 특히 개를 아끼고 사랑해야 합니다."

그 말을 들은 뒤, 쓰나요시는 즉시 살생 금지령을 내려 생명이 있는 모든 것을 죽이지 말라고 명령했어요. 먹기 위해서 물고기를 기르는 일도 하지 못하게 했고, 새를 잡는 일도 금지되었어요. 개를 죽이는 자는 관리들이 체포해 옥에 가두었어요.

특히 개는 동물 병원까지 만들어 극진히 보호했어요. 그러다 보니 사람들은 아예 개를 기르지 않고 내다 버렸어요. 온 동네에 개들이 득실거렸지요. 그러자 막부에서는 오쿠보와 나카노 같은 지역에 개 수용소를 만들어 무려 4만 마리의 개를 돌보아 주었어요. 물론 이때 개의 먹잇값을 모두 백성들이 내야 했기 때문에 원망하는 소리가 높아져 갔지요.

그런가 하면 오래도록 평화가 계속되면서 사람들은 점차 사치스럽게 살기 시작했어요. 무사들은 물론이고 도시의 일부 계층들까지 호화로운 분위기에 젖어 들었지요. 당연히 정치는 어지러워졌고, 재정도 어려워졌어요. 그와 함께 백성들의 삶은 더욱 힘들어져 갔지요.

😺 **살생**

- - - - - - - - - - - - - - - - - - - -

살아 있는 사람이나 짐승을 죽이는 일이야.

이즈음 요시무네가 8대 쇼군의 자리에 올랐어요. 요시무네는 백성들을 직접 돌보면서, 한편으로는 나태하고 해이해진 막부를 뜯어고치겠다고 마음먹었어요.

1721년 어느 날, 에도 시내 한복판에 이상한 글이 나붙었어요.

이번 달부터 거리에 투서함을 설치할 것이다. 혹시라도 자신의 어려움을 쇼군에게 직접 하소연하고 싶은 사람은 누구라도 글을 써서 투서함에 넣어라.

다이묘 행렬

에도 시대 다이묘는 반 년은 에도에서 반 년은 원래 자신이 다스리는 지역에 살아야 했다. 그 가족은 에도에서 살아야 했다.

나라가 안정되려면 백성들의 불만이 없어야 한다고 생각했기 때문에 요시무네는 직접 백성들이 쓴 투서를 보고 해결 방법을 연구하기로 했어요. 백성들은 이런 요시무네를 보고 매우 기뻐했어요. 요시무네가 새로운 정치를 할 것이라며 기대를 크게 했지요.

이어 1724년, 요시무네는 백성들의 기대를 져 버리지 않고 다이묘에게까지 사치 금지령을 내렸어요. 물론 단

번에 사치와 향락이 줄어들지는 않았지만, 요시무네는
그 자신부터 검소하게 절약하며 살았지요. 한겨울인데
도 자신은 물론 자식들에게까지 무명옷을 입도록 했
고, 거친 현미를 즐겨 먹었어요.

**개혁을 시도한
도쿠가와 요시무네**
1684년 태어나 1716년에
에도 막부의 쇼군이 되었다.
여러 가지 개혁 정책을
세우고 실행했다.

　요시무네는 형벌 제도도 바로 잡았어요.
지나친 형벌은 없애고, 이치에 맞
지 않는 것은 고쳤지요.
　요시무네는 농민들의
생활에도 신경을 썼는데,

이를 위해서 외국 농산물을 들여와 키워 보도록 했어
요. 나가사키 등지에 사탕수수를 심기도 했고, 조선 인
삼을 키우는 데 성공하여 농민들이 먹고사는 데에 크
게 도움을 주기도 했어요.
　이와 같은 요시무네의 새로운 정치를 '교호의 개혁'
이라 불러요.
　하지만 요시무네는 쌀 때문에 크게 애를 먹었어요.

무명옷
- - - - - - - - - - - - - - - - - - - -
면으로 만든 옷을 말해.

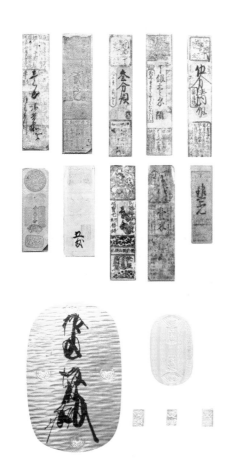

에도 시대 지폐와 금은화
에도 시대에는 상업이
발달하여 화폐가 활발하게
사용되었다. 그러면서
상인 세력은 점점 더 커졌다.

쌀값이 워낙 가파르게 오르내려서 농민들을 비롯한 수많은 백성들이 늘 불안에 떨어야 했지요. 쌀값에 따라서 다른 물건의 가격도 요동을 쳤기 때문이에요. 뿐만 아니라 어느 해에는 메뚜기 떼가 극성을 부려 쌀 수확량이 뚝 떨어지는 바람에 무려 200만 명이 넘는 사람들이 굶주림에 허덕이기도 했어요.

결국 요시무네의 개혁은 크게 빛을 보지 못한 채 이에시게가 9대 쇼군에 올랐어요. 하지만 이에시게는 병이 많아 제대로 된 정치를 펼칠 수 없었고, 10대 쇼군 이에하루도 힘이 없었어요. 그런 탓에 곳곳에서 반란이 일어났는데도 제대로 수습을 하지 못했어요. 오히려 두 쇼군 때에는 측근인 다누마 오키쓰구와 그의 아들 다누마 오키모토가 권력을 잡고 휘두르면서 나라 정치는 점점 더 어지러워졌지요.

여기에 더하여 1773년에는 전염병이 번져 19만 명이 죽었고, 또 이듬해에는 대홍수가 일어나고 화산이 폭발하는 등 곳곳에서 천재지변이 잦아 백성들의 삶은 말할 수 없이 고통스러워졌어요. 무사들도 형편이 다르지 않았어요. 막부가 가난해지자 봉급을 제대로 받지 못했어요. 그 때문에 무사들은 칼을 버리고 다른 일을 겸해서 하기도 했어요. 심지어 무사의 신분을 파는 사람도 생겨났어요.

막부가 다시 한번 되살아난 건 11대 쇼군 도쿠가와 이에나리 때였어요. 마쓰다이라 사다노부가 어린 쇼군을 도우면서 다시 개혁의 칼을 빼들었거든요.

사다노부는 우선 능력 있는 사람을 관리로 뽑고, 뇌물을 금지했어요. 한편으로는 부정부패와 관련된 관리는 무조건 내쫓았고, 요시무네가 그랬던 것처럼 사치를 금지하고 절약을 강조했지요. 나아가 유흥은 물론 오락까지도 금지했어요. 그러다 보니 사다노부의 정책이 너무 지나치다고 말하는 사람도 생겨났지요.

"물이 너무나 맑아서 고기가 노닐지 못한다!"

그렇게 사다노부를 비꼬곤 했어요.

하지만 사다노부는 이에나리와의 불화 때문에 막부에 오래 머물지 못했어요. 그 탓에 개혁의 바람은 다시 잦아들었고, 또다시 사치와 뇌물이 유행하는 시대가 되어 갔어요. 결국 1800년대에 들어서면서 막부 정치는 급격하게 가라앉기 시작했어요.

마쓰다이라 사다노부
에도 막부의 다이묘이자 정치가야. 서양과의 무역을 막고 농업을 살리려 했어.

부정부패
바르지 못하고 옳지 않은 일을 하는 것을 말해.

에도 막부의 문화

에도 막부의 겐로쿠 시대(17세기 후반~18세기 초반)에는 산업이 발달하고 생활이 안정되면서 시민들의 교양 수준이 어느 때보다 높았어요. 특히 이 시대에는 막부가 나서서 학문과 문화를 발전시켰어요. 도쿠가와 이에야스는 직접 유학자들의 강의를 듣곤 했는데, 특히 이때 널리 이름을 알리고 있던 후지와라 세이카의 유학 강의를 즐겨 들었어요.

뿐만 아니라 이에야스는 세이카의 제자인 하야시 라산을 막부 조정에 끌어들여 유학 사상을 정치에 반영하려 노력하기도 했지요. 이후에 하야시 라산의 후손들도 대대로 막부에 들어가 유교를 연구하는 데 도움을 주었어요.

심지어 에도 막부는 히데요시가 조선을 침략했을 때 붙잡아 온 조선의 학자 강항까지도 데려다가 유학에 대한 토론을 하기도 했어요.

5대 쇼군 쓰나요시는 한발 더 나아가 다이묘와 무사를 모아 놓고 유학에 대한 강의를 열기도 했어요. 이런 노력 덕분에 유학에 대해 무사뿐만 아니라 보통 사람까지도 배울 수 있었어요.

그러나 에도 막부 중기가 되자 사람들이 너도나도 다른 나라의 것을 좋아하게 되었어요. 그래서 서양 학문인 난학이 크게 유행했어요. 다이묘들도 네덜란드에서 건너온 것이라면 무조건 좋아했지요.

이런 영향으로 아주 특별한 책들이 나왔어요.

노로 겐조는 네덜란드 문물을 열심히 받아들인 8대 쇼군 요시무네의 명령대로 네덜란드 말을 배웠어요. 그리고 네덜란드 말을 쉽게 배울 수 있도록 입문서를 냈어요.

또한 인체 해부학에 관한 《해체신서》라는 책이 나왔는데, 이 책은 일본에서 최초로 번역된 서양 학술 서적이었어요. 이 책의 번역에 참여한 일본인 의사 겐바쿠가 이 새로운 학문의 이름을 '난학'이라고 불렀고, 난학은 전국으로 퍼져 나가기 시작했어요.

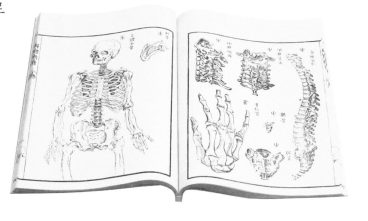

네덜란드 상관에는 수많은 외국인이 오갔어요. 이들은 일본을 서양에 소개하거나, 일본인 학자들에게 서양의 학문을 전달해 주기도 했어요. 이 영향을 받아 박물학자 히라가 겐나이는 시계와 만보계를 만들었지요.

난학

네덜란드 말로 된 서적을 가지고 서양 학술을 연구하는 학문이야.

최초의 서양 학술서 번역본 《해체신서》

원래 1722년 독일 사람 콜무스가 낸 《해부도표》라는 책의 네덜란드 어 판을 번역한 것이었다.

히라가 겐나이

원래 무사였으나 나가사키에서 공부한 이후 난학자, 발명가로서 발전 장치, 온도계 등을 만들었어.

국학

에도 시대에 생겨난 일본 고유의 학문을 말해.

가부키

노래, 춤, 연기가 어우러진 연극이야. 오늘날 일본의 대표 상징물로 꼽혀.

에도 막부 중기에는 초기에 흥했던 유학 대신 국학이 유행했어요. 국학자로 유명한 가모 마부치와 모토리 노리나가 등은 일본의 고전, 그리고 일본의 고대사 등을 연구했어요. 이들은 이 연구를 통해 일본의 정신이 무엇인지 알아보고 일본만의 고유한 사상을 확립하려 했어요. 특히 노리나가는 국학을 체계적으로 정리하여 《고사기전》을 완성했어요.

한편 에도 시민들은 춤과 노래가 어우러진 연극 가부키를 즐겼어요. 16세기 말 아주 화려한 옷차림이 유행했는데, 오쿠니라는 한 여인이 이 화려한 옷을 입고 춤을 추곤 했어요. 오쿠니의 춤이 유행하면서, 이것을 극

생명은 소중해!

쓰나요시가 1685년에 내린 살생 금지령 때문에 사람보다 동물이 우대받는 시대가 된 듯 했어요. 하지만 살생 금지령은 생명을 존중해야 한다는 생각을 퍼뜨린 좋은 점도 있었어요.

에도 막부 이전 전국 시대부터 도요토미 히데요시와 도쿠가와 이에야스가 일본을 통일하는 과정에서 생명을 가볍게 여기는 분위기가 있었답니다. 내가 권력을 잡기 위해 다른 사람을 죽이는 데 전혀 거리낌이 없던 거예요.

쓰나요시는 살생 금지령을 내리며 개뿐 아니라 병든 사람이나 어린이를 길에 버리지 말고 길에 쓰러진 사람을 그냥 두지 말라는 명도 함께 내렸다고 해요. 이런 명령이 부작용을 낳긴 했지만 백성에게 가장 중요한 생명에 대해 다시금 생각해 볼 기회를 준 건 분명하지요.

의 형식으로 옮긴 게 바로 가부키가 되었지요.

　에도 시민들이 가부키를 즐긴 이유는 무엇보다 무사들로부터 당한 억울함을 춤과 노래가 어우러진 연극으로 풀어 보고자 하는 마음 때문이었어요. 실제로 이때 에도에는 나카무라, 이치무라 같은 유명한 극장들이 여러 곳 있었지요.

오쿠니

원래 신사의 무녀였어. 돌아다니며 춤추고 연극을 해서 신사를 짓는 데 필요한 돈을 벌었다고 해.

나카무라, 이치무라

에도 시대에 세워졌던 가부키 전용 극장이야.

일본은 외국과 교류하면서 어떻게 달라졌을까?

조닌 문화의 꽃, 가부키

에도 막부는 계급 사회였어요. 천황 아래 쇼군이 있었고,
쇼군이 영주를 다스렸지요. 무사들은 영주를 섬겼고요.
그 아래 농민과 수공업자, 상인들이 있었어요.
특히 수공업자, 상인들(조닌)은 경제적인 여유가 생기자
다양한 문학 작품을 읽고 연극과 예술을 즐겼어요.
이들이 일군 문화를 조닌 문화라고 하지요.
그중에서도 가장 인기를 끈 게 바로
가부키라는 연극이었답니다.

가부키 배우가 객석 끝까지 이어진
무대를 다니며 연극을 하면서
관객에게 말을 걸기도 했어요.

가부키는 음악과 춤이 어우러진 연극이었어요.
역사 이야기나 서민들의 이야기를 공연했지요.
처음엔 여자도 공연했지만 나중에는
남자 배우들만 공연하게 되었어요.

가부키 극장에서는 하루 종일
가부키 공연을 했어요. 그래서 구경꾼들이
수시로 드나들었다고 해요.

공연하다가 점심 때가 되면 극장에서
관객들에게 먹을 것을 주기도 했어요.

찾아보기

사진 자료 사용에 도움을 주신 곳

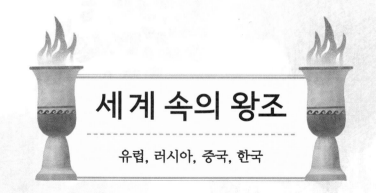

세계 속의 왕조

유럽, 러시아, 중국, 한국

에스파냐

왕
- 카를로스 1세 (1516년~1556년)
- 펠리페 2세 (1556년~1598년)

영국

왕
- 메리 1세 (1553년~1558년)
- 엘리자베스 1세 (1558년~1603년)
- 제임스 1세 (1603년~1625년)
- 찰스 1세 (1625년~1649년)
- 찰스 2세 (1660년~1685년)
- 제임스 2세 (1685년~1688년)
- 메리 2세 (1689년~1694년)와 윌리엄 3세 (1689년~1702년)

프랑스

왕 ─ 앙리 4세 (1589년~1610년)

├ 루이 13세 (1610년~1643년)

└ 루이 14세 (1643년~1715년)

신성 로마 제국

황제 ─ 루돌프 1세 (1273년~1291년)

├ 막시밀리안 1세 (1493년~1519년)

├ 카를 5세 (1519년~1556년)

└ 페르디난트 2세 (1619년~1637년)

프로이센

왕 ─ 프리드리히 빌헬름 (1640년~1688년)

├ 프리드리히 빌헬름 1세 (1714년~1740년)

└ 프리드리히 2세 (1740년~1786년)

러시아

황제 ─ 이반 3세 (1462년~1505년)

├ 이반 4세 (1533년~1584년)

├ 표트르 1세 (1682년~1725년)

└ 예카테리나 2세 (1762년~1796년)

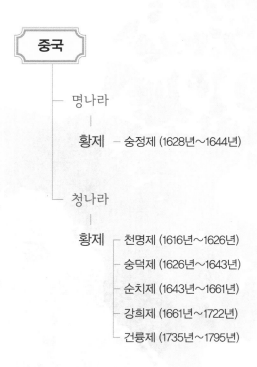

중국

└ 명나라
  │
  황제 ─ 숭정제 (1628년~1644년)

└ 청나라
  │
  황제 ┬ 천명제 (1616년~1626년)
          ├ 숭덕제 (1626년~1643년)
          ├ 순치제 (1643년~1661년)
          ├ 강희제 (1661년~1722년)
          └ 건륭제 (1735년~1795년)

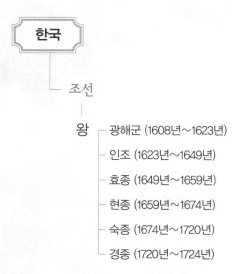

한국

└ 조선
  │
  왕 ┬ 광해군 (1608년~1623년)
         ├ 인조 (1623년~1649년)
         ├ 효종 (1649년~1659년)
         ├ 현종 (1659년~1674년)
         ├ 숙종 (1674년~1720년)
         └ 경종 (1720년~1724년)

＊왕, 황제 이름은 도서 내용에 포함된 것만 표기했습니다.

＊이름 옆 괄호 안 연도는 그 자리에 있던 기간입니다.